Die juristischen Probleme des Bildfunks

Von

Dr. Hans Giesecke

Berlin und Leipzig 1932

Walter de Gruyter & Co.

vormals G. J. Göschen'sche Verlagshandlung — J. Guttentag, Verlagsbuchhandlung
Georg Reimer — Karl J. Trübner — Veit & Comp.

Archiv-Nr. 24 04 32.

Druck W. Hamburger, Wien, VI.

Meinen Eltern

Gliederung:

Literaturverzeichnis

Die Werke sind mit den Namen der Verfasser, bei mehreren Werken desselben Verfassers mit der eingeklammerten Bezeichnung zitiert.

Allfeld: Kommentar zu dem Gesetze betreffend das Urheberrecht an Werken der bildenden Künste und der Photographie vom 9. Januar 1907. München 1908.

Ders.: Das Urheberrecht an Werken der Literatur und der Tonkunst. Kommentar zu dem Gesetze vom 19. Juni 1901 sowie zu den internationalen Verträgen zum Schutze des Urheberrechts. 2. Aufl. München 1928.

Ders.: Urheber- und Erfinderrecht. 2. Aufl. Berlin 1929 (Band 14 der Enzyklopädie der Rechts- und Staatswissenschaft, Abteilung Rechtswissenschaft, herausgegeben von Kohlrausch und Kaskel).

Ders.: In JW. 1922, S. 389 f.

Ders.: Rechtsanwälte im Bilde. In DJZ. 1926, S. 1467 ff.

Banneitz: Taschenbuch der drahtlosen Telegraphie und Telephonie. Berlin 1927.

Ders.: Über die Grundlagen des elektrischen Fernsehens. In „Fernsehen" 1930, S. 10 ff.

Bewer: Bildberichte. In DRZ. 1929, S. 37 f.

Bewier: Über das Recht am eigenen Bilde. Dissertation Leipzig 1916.

de Boor: Urheberrecht und Verlagsrecht. Ein Beitrag zur Theorie der ausschließlichen Rechte. Stuttgart 1917.

Cahn-Speyer: Zur Eingliederung des Tonfilms in das Urheberrecht. In Ufita 1929, S. 497 ff.

Cosack-Mitteis: Lehrbuch des Bürgerlichen Rechts. Erster Band: Die allgemeinen Lehren und das Schuldrecht. 8. Aufl. Jena 1927.

Crisolli: Rundfunk und Urheberrecht. In GRUR. 1926, S. 200 ff.

Daude: Die Reichsgesetze über das Urheberrecht an Werken der Literatur und Tonkunst und das Verlagsrecht. Berlin 1910.

Dernburg: Das bürgerliche Recht des Deutschen Reichs und Preußens. Band 6: Urheber-, Patent-, Zeichenrecht; Versicherungsrecht und Rechtsverfolgung. Herausgegeben und zu Ende geführt von Kohler. Halle 1910.

Dienstag-Elster: Handbuch des deutschen Theater-, Film-, Musik- und Artistenrechts. Berlin 1931.

Dungs: Lehrbuch des Urheberrechts an Werken der Literatur und der Künste. Berlin 1910.

Ebermayer-Lobe-Rosenberg: Kommentar zum Reichsstrafgesetzbuch mit besonderer Berücksichtigung der Rechtsprechung des Reichsgerichts. 3. Aufl. Berlin und Leipzig 1925.

Eckert: Zum Recht am eigenen Bild. In BayZ. 1909, S. 79 ff. und 99 ff.

Elster: Urheber- und Erfinder-, Warenzeichen- und Wettbewerbsrecht (Gewerblicher Rechtsschutz). 2. Aufl. Berlin und Leipzig 1928 (zit. Elster, Gewerblicher Rechtsschutz).

Ders.: Urheberrechtliche Fragen beim Rundfunkbetrieb. In BBl. 1924, S. 8687 f.

Ders.: Urheberrechtliche Fragen beim Rundfunkbetrieb. In MuW. 1924, S. 229 f.

Ders.: Rundfunk und Urheberschutz. In GRUR. 1925, S. 182 ff.

Ders.: Theorie und Praxis im Funkurheberrecht. In GRUR. 1926, S. 369 ff.

Ders.: Die Vervielfältigungstheorie als Begründung des Rundfunk-Urheberschutzes. In ArchFunk. 1928, S. 213 ff.

Ders.: Tonbild und Bildfunk. In Ufita 1929, S. 255 ff.

Ders.: Zum Recht des Bildfunks. In ArchFunk. 1929, S. 503 ff.

Ders.: Besprechung des Neugebauerschen Buches „Fernmelderecht mit Rundfunkrecht“. In Ufita 1929, S. 487 ff.

Ders.: Das Urheberpersönlichkeitsrecht in der Rechtsprechung des Reichsgerichts. In „Die Reichsgerichtspraxis im deutschen Rechtsleben. Festgabe der juristischen Fakultäten zum 50jährigen Bestehen des Reichsgerichts“, Bd. 4, S. 252 ff. (zit. Elster, Festgabe). Berlin und Leipzig 1929.

Ders. Die RG.-Entscheidung vom 29. April 1930 über den Abdruck von Rundfunk-Meldungen („Schutz der Sendung“). In ArchFunk. 1930, S. 335 ff.

Ders.: „Funk-Urheberrecht“ im Ergänzungsband zum Handwörterbuch der Rechtswissenschaft, herausgegeben von Stier-Somlo und Elster. Berlin und Leipzig 1930 (zit. Elster, HdR.).

Enneccerus: Lehrbuch des Bürgerlichen Rechts, Allgemeiner Teil. 12. Bearbeitung. Marburg 1928.

Friedel: Elektrisches Fernsehen, Fernkinematographie und Bildfernübertragung. Berlin 1925.

Fuchs, E.: Der Rundfunkstreit. In GRUR. 1926, S. 73 ff.

Fuchs, G.: Die Bildtelegraphie. 2. Aufl. Berlin 1928.

Fuld: Kommentar zu dem Gesetz, betreffend das Urheberrecht an Werken der bildenden Künste und der Photographie. 2. Aufl. Berlin und Leipzig 1925.

Ders.: Schutz gegen theatralische Verwertung. In Recht 1907, S. 435 f.

Ders.: Streitigkeiten über die Ausstellung eines Bildnisses. In Recht 1907, S. 500 ff.

Ders. Die Bühnendarstellung lebender Personen. In DJZ. 1928, S. 417 ff.

Gierke, O.: Deutsches Privatrecht. Band 1: Allgemeiner Teil und Personenrecht. Leipzig 1895.

Goldbaum: Urheberrecht und Urhebervertragsrecht. 2. Aufl. Berlin 1927 (zit. Goldbaum, Urheberrecht).
Ders.: Berner Übereinkunft zum Schutz von Werken der Literatur und Kunst vom 2. Juni 1928. Berlin 1928 (zit. Goldbaum, Berner Übereinkunft).
Ders.: In JW. 1928, S. 376.
Ders.: Die Verbreitungstheorie. In ArchFunk. 1928, S. 210 ff.
von Grolman: System und Entwicklung der urheberrechtlichen Befugnisse im deutschen Recht unter besonderer Berücksichtigung des Rundfunks. Dissertation Kiel 1928.
Hallermann: In JW. 1931, S. 440.
Häntzschel: Der Rechtsschutz der Pressenachrichten. In JW. 1927, S. 1548 f.
Ders.: Die Frage des Nachrichtenschutzes auf der Genfer Presse-Konferenz. In BlfF. 1927, S. 179 ff.
Hellwig: Lehrbuch des Deutschen Civilprozeßrechts. Leipzig 1903.
von Hentig: Der strafrechtliche Schutz des literarischen Eigentums nach deutschem und österreichischem Rechte in rechtsvergleichender Darstellung. Berlin 1912.
Hille: Das Recht der Allgemeinheit und des Einzelnen im Rundfunk. In ArchFunk. Sonderheft 1, S. 1 ff.
Hillig: Urheberrecht und Rundfunk. In GRUR. 1925, S. 212 ff.
Hirsch: Karikaturrecht. In Ufita 1929, S. 522 ff.
Ders.: Karikaturrecht. In JW. 1930, S. 1652 f.
Ders.: Die Karikatur als „Bildnis" im Sinne des § 22 KunstUG. In Ufita 1931, S. 50 ff.
Hoffmann: Der Begriff des Erscheinens im deutschen Urheber- und Verlagsgesetze. In LZ. 1920, S. 817 ff.
Ders.: Das Urheberrecht an Kartenwerken. In BBl. 1922, S. 193 f.
Ders.: Radio und Recht. In LZ. 1924, S. 455 ff.
Ders.: Urheberrecht und Rundfunk. In GRUR. 1925, S. 70 ff.
Ders.: Rundfunk und Urheberschutz. In GRUR. 1925, S. 121 ff.
Ders.: In JW. 1925, S. 931.
Ders.: Urheberrecht und Rundfunk. In JR. 1925, S. 597 ff.
Ders.: In JW. 1925, S. 2459 ff.
Ders.: Nochmals: Funk und Urheberrecht. In GRUR. 1926, S. 265 ff.
Ders.: Glosse zu den Funkurheberrechtsurteilen des Reichsgerichts. In GRUR. 1926, S. 373 ff.
Ders.: Neue funkurheberrechtliche Probleme beim Rundfunk. In BlfF. 1927, S. 163 ff.
Ders.: Das Urheberrecht an Kartenwerken. In JW. 1927, S. 1421.
Ders.: Die Vortragstheorie. In ArchFunk. 1928, S. 228 ff.
Ders.: Betrachtungen zum Funkurheberrecht. In ArchFunk. 1928, S. 242 ff.
Ders.: Der Bildfunk. ArchFunk. 1929, S. 175 ff.
Ders.: Bildfunk, Tonfilm und Tonbild. In JW. 1929, S. 1179 ff.

Ders.: Besprechung des Neugebauerschen Buches „Fernmelderecht mit Rundfunkrecht". In ArchFunk. 1929, S. 499 ff.

Ders.: In JW. 1931, S. 435 ff.

Holz: Die der mechanischen Wiedergabe dienenden Instrumente im Lichte des Urheberrechtes. Dissertation Erlangen 1918.

Kette-Kiel: „Bildtelegraphie" im Handwörterbuch des elektrischen Fernmeldewesens, herausgegeben von Feyerabend, Heidecker, Breisig, Kruckow. Berlin 1929.

Keyssner: Das Recht am eigenen Bilde. Berlin 1896.

Klauer: Die Urheberrechtskonferenz in Rom. In Ufita 1928, S. 365 ff.

Knöpfke: Die Wiedergabe von Bühnenwerken im Rundfunk in ihrer urheberrechtlichen Bedeutung. Dissertation Breslau 1926.

Kobel: Der urheberrechtliche Schutz an Kartenwerken. In GRUR. 1928, S. 537 ff.

Koch: Das Urheberrecht des Bühnenregisseurs. Berlin 1927.

Kohler: Das Eigenbild im Recht. Berlin 1903 (zit. Kohler, Eigenbild).

Ders.: Urheberrecht an Schriftwerken und Verlagsrecht. Stuttgart 1907 (zit. Kohler, Urheberrecht).

Ders.: Kunstwerkrecht (Gesetz vom 9. Januar 1907). Stuttgart 1908 (zit. Kohler, Kunstwerkrecht).

Kommentar von Reichsgerichtsräten zum Bürgerlichen Gesetzbuch mit besonderer Berücksichtigung der Rechtsprechung des Reichsgerichts. 6. Aufl. Berlin und Leipzig 1928.

Korn: Elektrisches Fernsehen. Berlin 1930. (Band 26 der mathematisch-naturwissenschaftlich-technischen Bücherei, herausgegeben von Wasserloos und Wolff).

Ders.: Elektrische Fernphotographie und Ähnliches. 2. Aufl. Leipzig 1907.

Korn-Glatzel: Handbuch der Phototelegraphie und Telautographie. Leipzig 1911.

Korn-Nesper: Bildrundfunk. Berlin 1926.

Kuhlenbeck: Das Urheberrecht und das Verlagsrecht. Leipzig 1901.

Lehmann: Allgemeiner Teil des Bürgerlichen Gesetzbuches. Berlin und Leipzig 1922.

Leutner: Rundfunk und Urheberrecht. In BayZ. 1924, S. 235 ff.

Lilia: Urheberrechte an der Regie. Dissertation Leipzig 1914.

Lindemann: Kommentar zu dem Gesetz, betreffend das Urheberrecht an Werken der Literatur und der Tonkunst vom 19. Juni 1901. 4. Aufl. Berlin und Leipzig 1921.

Lion: Reichsgericht und Sonderecht. In BlfF. 1927, S. 2 ff.

Ders.: Karikatur und Recht am eigenen Bilde. In GRUR. 1928. S. 806 f.

List: Technik und Gesetzesauslegung. Ein Beitrag zum Funkrecht. In BlfF. 1927, S. 65 ff.

Lyon: Das Recht des Bühnenregisseurs. Dissertation Breslau 1930.

Machens: Die Gerichtsverhandlung und die Presse. Darf eine Zeitung Karikaturen von Teilnehmern an der Verhandlung bringen? In „Zeitungswissenschaft" 1927, S. 131 f.

Mann: Genießt der Urheber von Werken der Literatur nach dem deutschen Urheberrechtsgesetz Schutz gegen die Rundfunksendung? Dissertation Kiel 1930.

Marwitz: Rundfunk und Urheberrecht. In DJZ. 1925, S. 1622 ff.

Marwitz-Möhring: Das Urheberrecht an Werken der Literatur und der Tonkunst in Deutschland. Kommentar zum Reichsgesetz vom 19. Juni 1901, 22. Mai 1910 und den internationalen Verträgen Deutschlands. Berlin 1929.

Meyer, Hans H. F.: Zur Reform des Urheberrechts an Kartenwerken. In GRUR. 1931, S. 219 ff.

von Mihaly: Das elektrische Fernsehen und das Telehor. 2. Aufl. Berlin 1926.

Müller, Georg: Der Spruch des Reichsgerichts im Rundfunkstreite. In Mitteilungen der Deutschen Studiengesellschaft für Funkrecht 1926, S. 9 ff.

Ders.: Bemerkungen über das Urheberpersönlichkeitsrecht. In Ufita 1929, S. 367 ff.

Neuburger: Arthur Korn und die Bildtelegrafie. In „Fernsehen" 1930, S. 242 f.

Neugebauer: Funkrecht. Berlin 1924 (zit. Neugebauer, Funkrecht).

Ders.: „Funkurheberrecht" im Handwörterbuch des elektrischen Fernmeldewesens (zit. Neugebauer, Handwörterbuch).

Ders.: Fernmelderecht mit Rundfunkrecht. 3. Aufl. des „Funkrechts". Berlin 1929 (zit. Neugebauer, Fernmelderecht).

Ders.: Der Rundfunk auf der Romkonferenz. In ArchFunk. 1928, S. 295 ff.

Noack: Bildtelegraphie, Fernsehen, Tonfilm. In DFG-Mitteilungen Nr. 72/73, S. 24; 74, S. 41; 75, S. 47.

Oertmann: Kommentar zum Bürgerlichen Gesetzbuch, Allgemeiner Teil. 3. Aufl. Berlin 1927.

Olshausen: Das Recht am eigenen Bilde. In Gruch. 46, S. 492 ff.

Opet: In JW. 1924, S. 1719.

Ders.: Der Einfluß des Rundfunks auf die Rechtsprechung und Gesetzgebung. In Gruch. 68, S. 466 ff.

Osterrieth: Der Rundfunk und das Urheberrecht. In GRUR. 1925, S. 263 ff.

Osterrieth-Marwitz: Das Urheberrecht an Werken der bildenden Künste und der Photographie. Kommentar zu dem Gesetz vom 9. Januar 1907 mit den Abänderungen vom 22. Mai 1910. 2. Aufl. Berlin 1929.

Pincus: Das Recht der Allgemeinheit und des Einzelnen im Rundfunk. In ArchFunk. Sonderheft 1, S. 109 ff.

Pinzger: Bildnisschutz des Bühnenkünstlers. In MuW. 1922, S. 120 ff.

Planck: Kommentar zum Bürgerlichen Gesetzbuch. Band 1: Allgemeiner Teil. 4. Aufl. Berlin 1913 (zit. Planck-Knoke).

Reiche: Funkrecht. Das Recht des Rundfunks. Berlin 1925 (zit. Reiche, Funkrecht).

Ders.: Neue Rechtstatsachen und altes Gesetz. Zum Kapitel Funk-Urheberrecht. In der Festgabe für Max Fuchs 1926 (zit. Reiche, Festgabe).

Reiners: Das Bühnenwerk und sein urheberrechtlicher Schutz. Dissertation Göttingen 1927.

Reininger: Der Schutz des Urheberrechts im deutschen Rundfunk. Berlin und Leipzig 1929.

Reisser: Bildfunk, Fernsehen und Tonfilm. Im Rundfunk-Jahrbuch 1930, S. 299 ff., herausgegeben von der Reichs-Rundfunk-Gesellschaft.

Rietschel: Das Recht am eigenen Bilde. In ArchzivPrax. 94, S. 142 ff.

Riezler: Deutsches Urheber- und Erfinderrecht, 1. Abteilung. München und Berlin 1909.

Ders.: Besprechung der Dissertation von Koch: „Das Urheberrecht des Bühnenregisseurs". In Ufita 1928, S. 340 ff.

Rosenstein: Ist die Karikatur ein Bildnis im Sinne des Kunstschutzgesetzes? In DJZ. 1929, S. 1340.

Schaefer: Die rundfunkmäßige „Aufführung" von Bühnenwerken. In GRUR. 1925, S. 123 f.

Schneickert: Der Schutz der Photographie und das Recht am eigenen Bilde. Halle 1903.

Ders.: Dürfen Verbrecherbildnisse ohne Einwilligung veröffentlicht werden? In DStrZ. 1922, S. 38 f.

Schünemann: Karikatur und Recht am eigenen Bilde. In GRUR. 1928, S. 559 ff.

Simson: Rundfunk und Urheberschutz. In GRUR. 1925, S. 97 ff.

Smoschewer: Rundfunk und Urheberrecht. In JR. 1925, S. 455 ff. und 559 ff.

Ders.: Das Persönlichkeitsrecht im allgemeinen und im Urheberrecht. In Ufita 1930, S. 119 ff., 229 ff. und 349 ff.

Steinberg: Urheberrecht und Rundfunk. Dortmund 1926.

Treitel: Das Urheberrecht der Photographie und das Recht am eigenen Bilde der Künstler. In DJZ. 1913, S. 1360 ff.

von Tuhr: Der Allgemeine Teil des Deutschen Bürgerlichen Rechts. München und Leipzig 1910.

Voigtländer-Fuchs: Die Gesetze betreffend das Urheberrecht und das Verlagsrecht. 2. Aufl., Leipzig 1914.

Wieruszowski: Der heutige Stand der Lehre vom Persönlichkeitsrecht. In DRZ. 1927, S. 225 ff.

Windscheid-Kipp: Lehrbuch des Pandektenrechts. 9. Aufl. (der Neubearbeitung 2. Aufl.). Frankfurt 1906.

Zeitschriften und Entscheidungen

Amtsblatt des Reichspostministeriums. Bekanntmachungen der Deutschen Reichspost. Jahrgang 1930.

Archiv für die zivilistische Praxis. In Verbindung mit Ring und Oertmann herausgegeben von Heck, Rümelin, Schmidt, Stoll und Nußbaum. Tübingen 1829 ff.

Archiv für Funkrecht. Herausgegeben im Auftrage der Deutschen Studiengesellschaft für Funkrecht unter Mitwirkung der Reichs-Rundfunk-Gesellschaft m. b. H. von Willy Hoffmann. Berlin 1928 ff.

Archiv für Urheber-, Film- und Theaterrecht. Herausgegeben von Bruck, Heymann, Katluhn, Lindenau, Magnus, Mendelssohn Bartholdy, Opet, Pinzger. Berlin 1928 ff.

Blätter für Funkrecht. Herausgegeben im Auftrage der Reichs-Rundfunk-Gesellschaft m. b. H. in Berlin von Willy Hoffmann. Berlin 1927.

Börsenblatt für den Deutschen Buchhandel. Eigentum des Börsenvereins der Deutschen Buchhändler zu Leipzig.

Deutsche Juristen-Zeitung. Herausgegeben von Otto Liebmann. Berlin 1896 ff.

Deutsche Richterzeitung. Herausgegeben vom Deutschen Richterbund. Leipzig 1909 ff.

Deutsche Strafrechts-Zeitung. Zentralorgan für das gesamte Strafrecht, Strafprozeßrecht und die verwandten Gebiete in Wissenschaft und Praxis des In- und Auslandes. Herausgegeben von Otto Liebmann. Berlin 1914 ff.

Entscheidungen des Reichsgerichts in Strafsachen. Herausgegeben von den Mitgliedern des Gerichtshofes und der Reichsanwaltschaft. Leipzig 1880 ff.

Entscheidungen des Reichsgerichts in Zivilsachen. Herausgegeben von den Mitgliedern des Gerichtshofes und der Reichsanwaltschaft. Leipzig 1880 ff.

Fernsehen. Zeitschrift für Technik und Kultur des gesamten elektrischen Fernsehwesens. Herausgegeben von Fritz Banneitz. Berlin 1930.

Gewerblicher Rechtsschutz und Urheberrecht. Zeitschrift des Deutschen Vereins für den Schutz des gewerblichen Eigentums. Herausgegeben von Mintz. Berlin 1896 ff.

Gruchots Beiträge zur Erläuterung des Deutschen Rechts. Herausgegeben von Predari, Schlegelberger, Martin Wolff. Berlin 1857 ff.

Juristische Rundschau. Zeitschrift für praktische Rechtskunde. Herausgegeben von Lindemann und Friedrichs. Berlin 1925 ff.

Juristische Wochenschrift. Herausgegeben vom Deutschen Anwaltverein. Leipzig 1872 ff.

Leipziger Zeitschrift für Deutsches Recht. Herausgegeben von Hans Schuler. München 1907 ff.

Markenschutz und Wettbewerb. Monatsschrift für Marken-, Patent- und Wettbewerbsrecht. Herausgegeben von Martin Wassermann. Berlin 1902 ff.

Mitteilungen der Deutschen Studiengesellschaft für Funkrecht. Jahrgang 1926.

Mitteilungen der Reichs-Rundfunk-Gesellschaft m. b. H., Berlin. Mitteilung Nr. 167 vom 12. Dezember 1929.

Preußisches Verwaltungs-Blatt. Herausgegeben von Hempfing. Berlin 1879 ff.

Das Recht. Juristisches Zentralblatt für Praktiker. Herausgegeben von Soergel, David, Clasen, Beutner, Goldschmid. Berlin 1897 ff.

Die Rechtsprechung der Oberlandesgerichte auf dem Gebiete des Zivilrechts. Herausgegeben von Mugdan und Falkmann. Leipzig 1900 ff.

Zeitschrift für Rechtspflege in Bayern. Herausgegeben von Schiedermair. München 1905 ff.

Zeitungswissenschaft. Monatsschrift für internationale Zeitungsforschung. Herausgegeben von d'Ester und Heide. Berlin 1926 ff.

Abkürzungen

Die Abkürzungen entsprechen im allgemeinen den Vorschlägen des 27. Deutschen Juristentages. Hervorgehoben seien:

ArchzivPrax.	Archiv für die zivilistische Praxis.
ArchFunk.	Archiv für Funkrecht.
BayZ.	Zeitschrift für Rechtspflege in Bayern.
BBl.	Börsenblatt für den Deutschen Buchhandel.
BlfF.	Blätter für Funkrecht.
DJZ.	Deutsche Juristen-Zeitung.
DRZ.	Deutsche Richterzeitung.
DStrZ.	Deutsche Strafrechts-Zeitung.
Gruch.	Gruchots Beiträge zur Erläuterung des Deutschen Rechts.
HdR.	Handwörterbuch der Rechtswissenschaft.
JR.	Juristische Rundschau.
JW.	Juristische Wochenschrift.
KG.	Kammergericht.
KSchG.	Gesetz betr. das Urheberrecht an Werken der bildenden Künste und der Photographie (Kunstschutzgesetz).
LitUG.	Gesetz betr. das Urheberrecht an Werken der Literatur und der Tonkunst.
LZ.	Leipziger Zeitschrift.
MuW.	Markenschutz und Wettbewerb.
PVBl.	Preußisches Verwaltungs-Blatt.
Recht	Das Recht.
RGBl.	Reichsgesetzblatt.
RGSt.	Entscheidungen des Reichsgerichts in Strafsachen.
RGZ.	Entscheidungen des Reichsgerichts in Zivilsachen.
ROLG.	Rechtsprechung der Oberlandesgerichte.
RPrG.	Reichs-Preßgesetz.
Ufita	Archiv für Urheber-, Film- und Theaterrecht.
UWG.	Gesetz gegen den unlauteren Wettbewerb.

A. Geschichte des Bildfunks

Der Gedanke, Bildübermittlungen auf elektrischem Wege von einem Sender auf einen entfernt liegenden Empfänger vorzunehmen, geht bis in die Mitte des vorigen Jahrhunderts zurück. „Namen wie Bain (1841), Bakewell (1843), Hipp (1851), Caselli (1855), Gerard (1865), d'Arlincourt, Amstutz, Dunlany, Palmer, Mills (gegen 1900) und Korn (1903) kennzeichnen die Entwicklung der Bildtelegraphie[1]).“ Aus neuerer Zeit seien noch Dieckmann, Nesper, Tschörner, Freund, Belin, Ranger und Karolus genannt. Zu den Versuchen benutzte man bis zum Ende des vorigen Jahrhunderts ausschließlich Drahtleitungen; mit der fortschreitenden Entwicklung der Funktechnik kam auch die drahtlose Übertragung[2]) zur Anwendung. Praktisch verwendet wurde die Bildübertragung zum erstenmal zu Beginn des 20. Jahrhunderts, als Professor Korn 1907 einen geregelten „Bildtelegraphendienst“ zu Zwecken der Bildübermittlung für illustrierte Zeitschriften in verschiedenen Ländern Europas (z. B. in Deutschland, England, Frankreich, Italien) einrichtete[3]).

In den Rahmen des deutschen Rundfunks ist die Bildübertragung als „Bildfunk“ auch bereits eine Zeitlang versuchsweise eingegliedert gewesen; der Betrieb wurde am 20. November 1928 am Deutschlandsender Königs Wusterhausen probeweise aufgenommen und am 1. Mai 1929 in das Programm des Berliner Senders eingereiht, jedoch am 20. Dezember 1929 wieder eingestellt, weil er bei den Funkteilnehmern „kein größeres Interesse“[4])

---

[1]) Kette-Kiel, a. a. O. S. 146; vgl. hierzu ferner Korn in Korn-Nesper, S. 16 ff.

[2]) Bei der vorliegenden Arbeit kommt nur eine Bildübertragung ohne Benutzung von Drahtleitungen in Betracht.

[3]) Vgl. hierüber Korn in Korn-Glatzel, S. VIII; Nesper in Korn-Nesper, S. 2; Neuburger, a. a. O. S. 243; Noack, a. a. O. Nr. 72/73, S. 24.

[4]) Mitteilungen der Reichs-Rundfunk-Gesellschaft vom 12. Dezember 1929.

fand[5]). Ähnlich zeigt sich die Entwicklung in England, Österreich und den nordischen Staaten. Trotzdem aber darf man an den Problemen, die der Bildfunk dem Juristen bietet, nicht vorübergehen, denn eine Wiedereinführung in den Rundfunk liegt durchaus im Bereich der Möglichkeit.

Der Vollständigkeit halber sei erwähnt, daß die Bildübermittlung, wenn auch nicht in der Rundwirkung des Rundfunks (Nachrichtenübermittlung an Alle), so doch in der Nachrichtenübermittlung an bestimmte Empfänger auch heute noch praktisch in der Form des „Öffentlichen Bildtelegraphendienstes“ der Deutschen Reichspost[6]), ferner zwischen deutschen Polizeidienststellen (zur Übertragung von Steckbriefbildern, Fingerabdrücken, Handschriften u. dgl.) und zwischen großen Zeitungsunternehmen (für die Übertragung von Bildern zu Zeitereignissen) verwendet wird[7]).

Aufgabe der vorliegenden Arbeit ist die Behandlung der juristischen Probleme des eigentlichen „Bildfunks“, das heißt der Bildübertragung im Rahmen des Rundfunks.

B. Technik des Bildfunks

Da erst auf Grund einer klaren Erkenntnis des Wesens des Bildfunks an die juristische Abgrenzung des Problems und seine Behandlung herangegangen werden kann, erscheint eine kurze Betrachtung des technischen Vorganges bei einer Bildübermittlung notwendig[8]).

Die Übertragung eines Bildes wird im allgemeinen dadurch bewirkt, daß das Bild punktweise übertragen wird (sogenannte lineare Bildübertragung). Zu diesem Zweck wird das Bild zunächst auf der Sendeseite durch Abtastung in eine möglichst große Anzahl von Bildelementen zerlegt, die durch ein besonderes

---

[5]) Vgl. Reisser, a. a. O. S. 299.

[6]) Einzelheiten über diesen sogenannten „Öffentlichen Bildtelegraphendienst“ der Deutschen Reichspost siehe im Amtsblatt des Reichspostministeriums Nr. 23/1930.

[7]) Vgl. hierzu im einzelnen: Nesper in Korn-Nesper, S. 6 ff.; Korn, Elektrisches Fernsehen, S. 88 ff.; Korn in Korn-Glatzel, S. VIII f.

[8]) Vgl. zum Folgenden: Kette-Kiel, a. a. O. S. 147; Banneitz, a. a. O. S. 1212.

Verfahren[9]) in proportionale Stromwerte umgewandelt werden. Diese Stromwerte, die zur „Steuerung“ eines drahtlosen Senders dienen, werden im Empfänger wieder in Lichtelemente zurückverwandelt oder nach einer anderen Methode durch ein elektrolytisches Verfahren zu Bildpunkten rückgebildet und zu dem übertragenen Bild zusammengesetzt. Die Aufzeichnung des übertragenen Bildes im Empfänger erfolgt auf photographischem Wege. Zu beachten ist bei diesem Vorgang, daß im Geber und im Empfänger synchrone Bewegungen erzielt werden, das heißt auf der Sendeseite und auf der Empfangsseite zwischen Bild und Abtastvorrichtung gleichartige Bewegungen bestehen müssen, damit das im Geber zerlegte und das im Empfänger entstehende Bild übereinstimmen[10]).

C. Recht des Bildfunks

I. Die bildfunkmäßige Wiedergabe

1. Der Begriff

a) Bildfunk ist die Übermittlung von Bildern auf elektrischem Wege ohne Zuhilfenahme von Drahtleitungen[11]). Aus dieser Begriffsbestimmung des Bildfunks ergibt sich zwingend, daß von einem „Bildfunk“ nur da die Rede sein kann, wo es sich um draht*lose* Bildübermittlung handelt. Mißverständlich und daher für die juristische Betrachtungsweise des Funkrechts ungeeignet ist der von einzelnen Schriftstellern[12]) gebrauchte Begriff „Bildtelegraphie“, da dieser auch die Bildübermittlung über Drahtleitungen umfaßt[13]).

b) Mit dieser, vorwiegend den technischen Vorgang der Bildübertragung betonenden Begrenzung der neuen Befugnis allein ist der Begriff „Bildfunk“ aber noch nicht hinreichend geklärt. Es gilt weiter noch, die Grenzen zu ziehen zwischen dem Bildfunk und den juristisch verwandten Gebieten Rundfunk (gewöhnliche Rundfunkwiedergabe), Fernsehen und Ton-Bild-Film.

---

[9]) Hierüber Näheres bei Korn in Korn-Nesper, S. 22 f.

[10]) Einzelheiten hierüber bei Kette-Kiel, a. a. O. S. 147 ff., und Korn in Korn-Glatzel, S. 86 ff. und 151 ff.

[11]) Ebenso Hoffmann, ArchFunk. 1929, S. 175.

[12]) So z. B. Allfeld, zu § 11 LitUG., Anm. 4; Marwitz-Möhring, zu § 11 LitUG., Anm. 38.

[13]) Übereinstimmend Elster, ArchFunk. 1929, S. 504.

aa) Zunächst ist die Grenze zwischen dem Bildfunk und dem Rundfunk festzulegen. Bildfunk und Rundfunk sind zwar nach Wesen und Charakter einander ähnlich; sie sind aber trotzdem technisch streng voneinander zu scheiden. Bei einer gewöhnlichen funkmäßigen Wiedergabe handelt es sich darum, daß „etwas, was an einer Stelle am Sendeort sinnlich wahrnehmbar zu Gehör gebracht wird, unter Zuhilfenahme der Rundwirkung Hertzscher Wellen in unbestimmte Ferne verbreitet wird, um an irgendwelchen Stellen der Erde aufgefangen und gehört zu werden"[14]). Wesentlich ist also für die gewöhnliche funkmäßige Wiedergabe, daß sie lediglich für das Gehör des Empfängers bestimmt ist und eine Vorrichtung zur Festlegung des Vernommenen auf Seiten des angeschlossenen Rundfunkteilnehmers nicht bedingt. Es ist für die gewöhnliche funkmäßige Wiedergabe charakteristisch, „daß die Wellen kommen und vergehen, ohne etwas selbständig Bleibendes oder eine Vielheit zu hinterlassen"[15]).

Demgegenüber werden beim Bildfunk die auf der Empfangsseite ankommenden Bild- bzw. Stromelemente aufgefangen und fixiert, das heißt das drahtlos übermittelte Bild wird beim Empfänger aufgezeichnet. Was also für den Rundfunk bedeutungslos ist, erweist sich für den Bildfunk als wesentlich.

Bestritten ist, ob auch für die urheberrechtliche Betrachtung der beiden Erscheinungen eine Verschiedenheit gelten muß. Neugebauer[16]) steht auf dem Standpunkt, daß bei der urheberrechtlichen Beurteilung der Sendung der technische Umstand, daß Bildfunk Fixierung an der Empfangsstelle bedingt, nicht außer Betracht bleiben dürfe, dieser Umstand vielmehr der rechtlichen Bewertung der Sendetätigkeit eine besondere Wendung geben müsse, so daß es berechtigt sei, die Bildfunksendung anders zu bewerten als die gewöhnliche Rundfunksendung. So einleuchtend diese Beweisführung Neugebauers[17]) auf den ersten Blick vielleicht erscheinen mag, so ist sie doch, wie Hoffmann[18]) meines Erachtens überzeugend nachgewiesen hat, juristisch keineswegs durch-

---

[14]) Neugebauer, Fernmelderecht, S. 813.

[15]) Simson, a. a O. S. 98.

[16]) Fernmelderecht, S. 814, Anm. 1a.

[17]) Elster hat sich im HdR. S. 159 und anscheinend auch in ArchFunk. 1929, S. 505, der Ansicht Neugebauers angeschlossen.

[18]) ArchFunk. 1929, S. 501, und JW. 1929, S. 1179.

schlagend. Neugebauer stellt es in seiner Darstellung augenscheinlich darauf ab, daß die urheberrechtliche Eignung der bildfunkmäßigen Wiedergabe erst dadurch erworben wird, daß ein Dritter die Sendung auch wirklich mit seinem Empfangsgerät aufnimmt. Diese Auffassung kann vom urheberrechtlichen Standpunkt aus nicht gebilligt werden; denn es kommt, wie Hoffmann richtig sagt, beim Bildfunk gleich wie bei der gewöhnlichen Rundfunkwiedergabe nur auf die Tätigkeit des Sendenden an, nicht auf die des Empfängers; ob dieser die Möglichkeit hatte, die Bildfunksendung mit seinem Empfangsapparat aufzuzeichnen, ist urheberrechtlich unerheblich. „Der Begriff der öffentlichen Aufführung eines Werkes bleibt unberührt, wenn das betreffende Tonkunstwerk vor Tauben oder die Vorführung des Films vor Blinden geschah. Die öffentliche Aufführung eines Bühnenwerkes wird dadurch nicht tangiert, wieviel Besucher der Aufführung beiwohnen. Und so bleibt es eine funkmäßige Wiedergabe, wenn infolge irgendeiner Störung ein Empfang der Sendung, also eine Perzipierung der Darbietung, nicht möglich war[19])." Man gelangt daher zu dem Ergebnis, daß Rundfunk und Bildfunk — so verschiedenartig sie vom technischen Standpunkt aus zu beurteilen sind — juristisch gleich zu behandeln sind[20]).

bb) Vom Bildfunk zu scheiden ist weiterhin das Fernsehen (télévision)[21]). Beim Bildfunk ist es das kennzeichnende Merkmal, daß auf der Empfangsseite Bilder aufgezeichnet werden, so daß als Ergebnis einer bildfunkmäßigen Wiedergabe ein bleibender, sinnlich wahrnehmbarer Gegenstand festgehalten wird. Anders ist es dagegen beim Fernsehen, wo nichts aufgezeichnet, nichts festgehalten wird; hier sieht vielmehr auf der Empfangsseite das Auge auf einer Scheibe dasselbe, was sich auf der Sendeseite vor dem Apparat als laufende Handlung abwickelt[22]).

---

[19]) Hoffmann, ArchFunk. 1929, S. 501.

[20]) Gleicher Ansicht — allerdings ohne Begründung — Allfeld, zu § 11 LitUG., Anm. 4. Anders dagegen Marwitz-Möhring, zu § 11 LitUG., Anm. 38.

[21]) Einzelheiten über die Technik des Fernsehens bei Banneitz, Fernsehen 1930, S. 10 ff., und Glatzel in Korn-Glatzel, S. 417 ff.

[22]) Ob auf der Sendeseite die zu übertragenden Geschehnisse unmittelbar (eigentliches Fernsehen) oder mit Hilfe eines zunächst aufzunehmenden Lichtbildstreifens (Fernkino) gesendet werden, ist juristisch ohne Bedeutung.

Was die rechtliche Beurteilung des Fernsehens anbetrifft, so möchte ich mich der Ansicht Neugebauers[23]) und Elsters[24]) anschließen, daß sich die Bildübermittlung beim Fernsehen rechtlich in der gleichen Weise abspielt wie die Wiedergabe bei der gewöhnlichen Rundfunksendung. Denn auch beim Fernsehen ist die Tätigkeit des Sendenden — die „funkmäßige Wiedergabe"[25]) als solche — das urheberrechtlich allein Maßgebende; ob auf der Empfangsseite die Darbietung perzipiert, „ferngesehen" wird, ist für die urheberrechtliche Beurteilung des Fernsehens ohne Einfluß.

cc) Im Zusammenhang mit dem Bildfunk wird in der einschlägigen Literatur meist auch der Ton-Bild-Film behandelt, dessen juristische Struktur zurzeit noch nicht durch die Gesetzgebung festgelegt ist. Der Ton-Bild-Film[26]), [27]) stellt sich dar als eine Verbindung von gewöhnlichem „Bildfilm" im Sinne des § 15 a KSchG. und eigentlichem „Tonfilm" als der bloßen „Fixierung von Tönen durch den Lichtbildstreifen"[28]) und ist begrifflich die durch den Lichtbildstreifen erfolgte Festlegung von optischen und akustischen Vorgängen, so daß Bild und Ton synchronistisch wiedergegeben werden. Dagegen besteht der Bildfunk lediglich in der Übermittlung von Bildern auf elektrischem Wege ohne Zuhilfenahme von Drahtleitungen, das Funkbild ist nur das sinnlich wahrnehmbare Ergebnis des technischen Vorganges der Bildübermittlung, ohne eine Verbindung mit akustischen Vorgängen aufzuweisen. — Aus dieser begrifflichen Gegenüberstellung der beiden Verfahrensarten ergibt sich, daß wir es hier mit zwei völlig verschiedenen Erscheinungen zu tun haben, die streng aus-

---

[23]) Fernmelderecht, S. 814.

[24]) ArchFunk. 1929, S. 506.

[25]) Vgl. über diesen Begriff ausführlich Hoffmann, ArchFunk. 1928, S. 244 f.

[26]) Dieser Begriff stammt von Cahn-Speyer und ist an Stelle des von Hoffmann verwendeten Begriffs „Tonbild" zu gebrauchen; inhaltlich laufen beide Begriffe auf dasselbe Ergebnis hinaus. Vgl. auch Elster in Dienstag-Elster, S. 119.

[27]) Im Sprachgebrauch des täglichen Lebens hat sich an Stelle des Wortes „Ton-Bild-Film" das kürzere „Tonfilm" eingebürgert, was jedoch juristisch irreführen kann.

[28]) Hoffmann, JW. 1929, S. 1180; vgl. auch Elster, Ufita 1929, S 259.

einander gehalten werden müssen: Film auf der einen, Funk auf der anderen Seite[29]). Gemeinsam ist beiden Erscheinungen, daß eine Bildfixierung stattfindet, und zwar ist gemeinsam nur die Bildfixierung[30]). Diese Fixierung ist aber, worauf Elster[31]) zutreffend hinweist, „beim Film die einmalige, zentrale Grundlage für die verschiedenen Vorführungen, während beim Bildfunk die Fixierung dezentralisiert beim Empfänger als Einzelergebnis geschieht". Dazu kommt als weiteres trennendes Merkmal, daß es sich beim Ton-Bild-Film um eine optisch-chemische Darbietung handelt, während der Bildfunk trotz des technisch verschiedenen Merkmals der Bildwiedergabe stets eine (optisch-elektrische) Funkwiedergabe bleibt. Vor allem dieser Punkt ist es, der bei der Untersuchung von Bildfunk und Ton-Bild-Film nicht außer Acht bleiben darf. Hiernach sind beide Verfahrensarten in ihren Grundzügen und Voraussetzungen völlig verschieden; und aus diesem Grunde müssen auch Bildfunk und Ton-Bild-Film rechtlich verschieden behandelt werden[32]).

Man gelangt damit zu folgendem Ergebnis: Gewöhnliche funkmäßige Wiedergabe, Bildfunk und Fernsehen sind rechtlich gleich zu behandeln; nur der Ton-Bild-Film nimmt als Sondergebiet eine rechtliche Sonderstellung ein.

2. Träger der Befugnis

Um die Frage nach dem Träger der Sendebefugnis beim Bildfunk beantworten zu können, ist es erforderlich, auf die urheberrechtliche Struktur der bildfunkmäßigen Wiedergabe einzugehen. Da wir aber bereits festgestellt haben (s. o. S. 21), daß Rundfunk und Bildfunk rechtlich gleich zu behandeln sind, so ergibt sich mit der folgenden Untersuchung zugleich eine Nachprüfung der bestehenden Theorien über die urheberrechtliche Struktur der gewöhnlichen funkmäßigen Wiedergabe.

---

[29]) Übereinstimmend Elster, Ufita 1929, S. 272.

[30]) Unklar erscheinen mir in dieser Hinsicht die Ausführungen Elsters — Ufita 1929, S. 271 ff., und ArchFunk. 1929, S. 504 f. —, der auch beim „Bild"funk von einer „Koinzidenz von bildlicher und hörbarer Übertragung" redet. Elster legt offenbar seiner Betrachtung den Fall zugrunde, daß eine Bildübertragung mit einer akustischen Übertragung gemeinsam vorgenommen wird.

[31]) ArchFunk. 1929, S. 505.

[32]) Ebenso Elster, a. a. O., dem aber nur im Endergebnis zuzustimmen ist.

Es ist mithin zu untersuchen, ob das Recht zur Sendung dem Urheber[33]) eines Werkes der Literatur oder eines Kunstwerkes oder (speziell bei Bildübermittlungen) dem Urheber des Bildes bzw. — bei Übertragung von Bildnissen einer Person — dem Abgebildeten zusteht, ob dieser also gegen die funkmäßige Wiedergabe geschützt ist, oder ob die Sendegesellschaften frei das Recht haben, Übertragungen jeder Art vorzunehmen[34]).

Bei der Prüfung dieser Fragen ist von allgemeinen Rechtsgedanken und von den Vorschriften auszugehen, die uns die einschlägigen Gesetze bieten: das Gesetz, betreffend das Urheberrecht an Werken der Literatur und Tonkunst, vom 19. Juni 1901 (RGBl. S. 227 ff.) in der Fassung des Gesetzes vom 22. Mai 1910 (RGBl. S. 793 ff.) und das Gesetz, betreffend das Urheberrecht an Werken der bildenden Künste und der Photographie, vom 9. Januar 1907 (RGBl. S. 7 ff.) in der Fassung des Gesetzes vom 22. Mai 1910 (RGBl. S. 793 ff.).

a) Untersucht man, ob sich ein Senderecht des Urhebers auf allgemeine Rechtsgedanken stützen läßt, so muß man unterscheiden zwischen einem Persönlichkeitsrecht im allgemeinen, einem allgemeinen Urheberpersönlichkeitsrecht und einem allgemeinen, umfassenden Urheberrecht[35]).

aa) In Übereinstimmung mit der ständigen Rechtsprechung des Reichsgerichts[36]), [37]) ist zunächst die Annahme eines allge-

---

[33]) Urheber ist derjenige, „dessen geistig schaffender Tätigkeit das Werk seine Entstehung und Schutzberechtigung verdankt" (Daude, a. a. O. S. 13).

[34]) Wegen des Rechts der Allgemeinheit im Rundfunk — dessen Erörterung aus dem Rahmen dieser Arbeit fällt — und der Beschränkung des ausschließlichen Urheberrechts zugunsten dieses Rechts der Allgemeinheit vgl. insbesondere Hille, a. a. O. S. 10 ff.

[35]) Vgl. zum Folgenden vor allem die ausführlichen Arbeiten von Elster (Festgabe, S. 252 ff.) und Smoschewer (Ufita 1930, S. 119 ff., 229 ff. und 349 ff.); dort ist die weitere Literatur über das Persönlichkeitsrecht erschöpfend angegeben.

[36]) RGZ. Bd. 69 Nr. 92 S. 403; Bd. 79 Nr. 93 S. 398; Bd. 107 Nr. 80 S. 281; Bd. 113 Nr. 71 S. 414; unter Bezugnahme auf § 823 Abs. 1 BGB. („ein sonstiges Recht"): RGZ. Bd. 51 Nr. 86 S. 373; Bd. 56 Nr. 72 S. 275; Bd. 58 Nr. 6 S. 29; Bd. 64 Nr. 37 S. 156.

[37]) Aus der ablehnenden Literatur seien besonders hervorgehoben: de Boor, a. a. O. S. 55; Cosack-Mitteis, a. a. O. S. 74; Elster, Festgabe, S. 264; Enneccerus, § 71. I; Lehmann, a. a. O. S. 63; Oertmann, zu § 1, Anm. 8; Planck-Knoke, zu § 1, Vorb. 3; von Tuhr, a. a. O. S. 149 ff.;

meinen Persönlichkeitsrechts abzulehnen, kraft dessen die Persönlichkeitssphäre des einzelnen nach jeder Richtung hin allgemein geschützt ist (mithin auch der Urheber eines Werkes ausschließlich ein Senderecht ausüben und jedem anderen eine funkmäßige Wiedergabe dieses Werkes verbieten kann). Die geltende Rechtsordnung kennt zwar den Begriff des Persönlichkeitsrechts als „eines Rechtes, das seinem Subjekt die Herrschaft über einen Bestandtheil der eigenen Persönlichkeitssphäre gewährleistet“[38]). Aber es werden in den geltenden Gesetzen nur einzelne Persönlichkeitsrechte nach bestimmten Richtungen hin geregelt, wie z. B. das Namensrecht, das Firmenrecht, das Recht auf ungekränkte Ehre, das Warenzeichenrecht, das Recht am eigenen Bilde; über einen Schutz der Persönlichkeit im allgemeinen enthalten unsere Gesetze keinerlei Bestimmungen. Auch vom Reichsgericht und der herrschenden Meinung in der Literatur wird ein solches allgemeines Persönlichkeitsrecht „wegen seiner nebelhaften Allgemeinheit“[39]) nicht anerkannt und ist meines Erachtens wegen der damit verbundenen Rechtsunsicherheit auch nicht anzustreben[40]). Denn es erscheint unmöglich, diesem allgemeinen Persönlichkeitsrecht einen solchen Inhalt zu geben, daß ein praktischer Nutzen, ein praktischer Gebrauch gewährleistet ist[41]). Es ist vielmehr zu befürchten, daß die Annahme eines allgemeinen Persönlichkeitsrechts zu einem schrankenlosen Recht führen kann, denn es ließe sich letzten Endes aus einem solchen allgemeinen Persönlichkeitsrecht jede Befugnis herleiten, da „in einem gewissen Sinne mit jedem Rechte Schutz der Individualität angestrebt wird“[42]), [43]).

Windscheid-Kipp, a. a. O. S. 174; vgl. auch KG. in JW. 1928, S. 363. — Neuerdings scheint die Neigung zur Annahme eines allgemeinen Persönlichkeitsrechts im Steigen begriffen zu sein (vgl. die bei Smoschewer, a. a. O., angeführte zahlreiche Literatur).

[38]) Gierke, a. a. O. S. 702, der sich übrigens für ein allgemeines Persönlichkeitsrecht entscheidet (a. a. O. S. 704).

[39]) Oertmann, zu § 1, Anm. 8.

[40]) Übereinstimmend Wieruszowski, a. a. O. S. 229.

[41]) de Boor, a. a. O. S. 55; dagegen Smoschewer, Ufita 1930, S. 182.

[42]) KG. in JW. 1928, S. 363.

[43]) Vgl. auch Wieruszowski, a. a. O. S. 229: „Wer nach wie vor den festen Boden des Gesetzes unter seinen Füßen fühlen will, der wird . . . . dem allgemeinen Persönlichkeitsrecht ablehnend gegenüberstehen.“

bb) Es bleibt weiter zu prüfen, ob sich der Urheber auf ein allgemeines Urheberpersönlichkeitsrecht berufen kann.

„Rechtsprechung und Literatur zur Rundfunkfrage haben sich offensichtlich bisher von dem Gedanken allein leiten lassen, daß es gilt, dem Urheber den ihm gebührenden Lohn aus der Sendung seiner Werke zukommen zu lassen... Daß persönlichkeitsrechtliche Befugnisse, ein droit moral, dem Urheber gegenüber den Sendegesellschaften zustehen könnten, ist kaum erwogen worden"[44]).

Ebenso wie das Bürgerliche Gesetzbuch keinerlei Bestimmungen über ein allgemeines Persönlichkeitsrecht enthält, fehlen auch in den Gesetzen über das geistige Urheberrecht — ausdrückliche — Vorschriften über ein solches allgemeines Urheberpersönlichkeitsrecht; immerhin ist die Fassung des § 9 LitUG. ein Beweis dafür, daß auch der Begriff des Urheberpersönlichkeitsrechts dem Gesetzgeber nicht fremd ist.

Betrachtet man die Rechtsprechung des Reichsgerichts in diesem Punkte, so kann man eine langsame Entwicklung in Richtung einer Anerkennung des Urheberpersönlichkeitsrechts feststellen[45]). Sie hat ihren Ausgangspunkt in der Entscheidung des 1. Z. S. vom 7. November 1908 über das Urheberrecht an den Nietzsche-Briefen (RGZ. Bd. 69 Nr. 92 S. 401 ff.) — die Elster einen „rocher de bronce" des Urheberpersönlichkeitsrechts nennt —, nimmt ihre Entwicklung über das Fresken-Urteil vom 8. Juni 1912 (RGZ. Bd. 79 Nr. 93 S. 397 ff.) und das Strindberg-Urteil vom 23. April 1921 (RGZ. Bd. 102 Nr. 37 S. 134 ff.) zu den Rundfunkurteilen vom 12. Mai 1926 (RGZ. Bd. 113 Nr. 71 S. 413 ff., und RG. in GRUR. 1926, S. 344), und findet ihre Krönung in dem Wilhelm-Busch-Urteil vom 19. Februar 1929 (RGZ. Bd. 123 Nr. 71 S. 312 ff.), in dem gesagt wird[46]): „Der Urheber behält in jedem Falle ein unveräußerliches Persönlichkeitsrecht, das der Vertrag unberührt läßt, auch wenn der andere die ‚unbeschränkten dinglichen Urheberrechte' und damit alle vermögensrechtlichen Bestandteile des urheberrechtlichen Befugniskreises erwirbt; ein Recht, das sich vornehmlich in der Abwehr gegen entstellende Veränderungen des Werkes (§ 9 LitUG.) zeigt

---

[44]) Mann, a. a. O. S. 42.

[45]) Vgl. hierzu besonders Smoschewer, Ufita 1930, S. 256 ff.

[46]) A. a. O. S. 320.

(RGZ. 69, 244; 79, 398)". Damit hat das Reichsgericht seinen Widerstand gegen ein allgemeines Persönlichkeitsrecht des geistigen Urhebers aufgegeben.

Aber dies allgemeine Urheberpersönlichkeitsrecht kann, wie von Elster[47]) und Smoschewer[48]) mit Recht hervorgehoben wird, seinem Wesen nach nichts anderes als „ein Ausfluß, eine Abart oder Spielart"[48]) eines allgemeinen, jedermann zugänglichen Persönlichkeitsrechts sein.

Erkennt man diese Ansicht Elsters und Smoschewers, daß das allgemeine Persönlichkeitsrecht des geistigen Urhebers nur eine Spezialisierung des Schutzes der Persönlichkeit im allgemeinen darstellt, als richtig an, dann muß, da aus Gründen der Rechtssicherheit ein allgemeines Persönlichkeitsrecht in der vorliegenden Arbeit abgelehnt worden ist, folgerichtig auch — entgegen der Entwicklung der reichsgerichtlichen Rechtsprechung — die Annahme eines allgemeinen Urheberpersönlichkeitsrechts als Grundlage für ein ausschließliches Senderecht des Urhebers abgelehnt werden[49]).

cc) Auch auf ein allgemeines, umfassendes Urheberrecht, aus dem die einzelnen Ausschließungsbefugnisse des Urhebers abgeleitet werden könnten, kann sich der Urheber nicht berufen; einen derartig verallgemeinerten Schutz des geistigen Eigentums gewährt das geltende System des deutschen Rechts (im Gegensatz zum französischen) dem Urheber nicht[50]). Wohl spricht das LitUG. dem Urheber in den §§ 11 und 12 einzelne ausschließliche Befugnisse, über sein Werk zu verfügen, zu; wohl kennt der deutsche Gesetzgeber eine dem Urheber zustehende Summe urheberrechtlicher Befugnisse; aber von einem allgemeinen, um-

---

[47]) Festgabe, S. 261.

[48]) Ufita 1930, S. 122; Smoschewer zieht hieraus weiterhin die Folgerung, „daß der Schluß von diesem Urheberpersönlichkeitsrecht auf ein allgemeines Persönlichkeitsrecht zwingend sei".

[49]) Damit soll aber nicht auch abgestritten werden, daß ein derartiges Urheberpersönlichkeitsrecht als „Hintergrund" einzelner Bestimmungen des Urheberrechtsgesetzes (vgl. Elster, Festgabe, S. 277 ff., zu IV) „latent vorhanden" ist!

[50]) Ebenso die herrschende Meinung in Wissenschaft und Praxis; vgl. dazu statt aller Osterrieth, GRUR. 1925, S. 263 ff., der den Unterschied zwischen dem deutschen und dem französischen Recht erschöpfend darstellt.

fassenden Urheberrecht, bei dem die Summe der Einzelbefugnisse gleich dem Vollrecht (im Sinne des französischen droit d'auteur) zu setzen wäre, kann keine Rede sein. Nur „nach Maßgabe dieses Gesetzes" — das heißt nur insoweit, als das Gesetz einzelne Rechte und Befugnisse besonders anerkennt — gewährt das LitUG. dem Urheber Schutz[51]); eine Generalklausel wie die des § 1 UWG. ist dem LitUG. fremd.

Man gelangt daher zu dem Ergebnis, daß der Urheber eines Werkes auf Grund allgemeiner Rechtsgedanken ein eigenes Sende- bzw. Verbietungsrecht nicht geltend machen kann.

b) Im Folgenden ist nunmehr zu untersuchen, ob sich eine Befugnis des Urhebers zur funkmäßigen Wiedergabe seines Werkes aus den geltenden Bestimmungen des LitUG. herleiten läßt. Das bedeutet praktisch: stellt sich die rundfunkmäßige Wiedergabe (und damit zugleich die bildfunkmäßige Wiedergabe) dar:

aa) als „Bearbeitung" im Sinne des § 2 Abs. 2 in Verbindung mit § 12 Abs. 2 Ziffer 5 LitUG.?

bb) als „öffentlicher Vortrag" im Sinne des § 11 Abs. 3 LitUG.?

cc) als „Vervielfältigung" im Sinne des § 11 Abs. 1 LitUG.?

dd) als „gewerbsmäßige Verbreitung" im Sinne des § 11 Abs. 1 LitUG.?

Es sei an dieser Stelle noch darauf hingewiesen, daß der Streit über die rechtliche Natur der funkmäßigen Wiedergabe mit der Ratifikation des neuen Wortlauts der Revidierten Berner Übereinkunft (und somit der Beschlüsse der Romkonferenz vom Mai 1928) seine Grundlage verliert, da auf dieser Konferenz[52]) die funkmäßige Wiedergabe (und damit auch der Bildfunk) in Artikel 11 bis ausdrücklich als „communication au public par la radiodiffusion" geregelt ist; in den Streit, als was die funkmäßige Wiedergabe urheberrechtlich anzusehen ist, ist damit jedoch nicht eingegriffen worden.

aa) Zunächst ist zu prüfen, ob die funkmäßige Wiedergabe

---

[51]) Goldbaum, Urheberrecht, S. 34 f.; Marwitz-Möhring, zu § 11 LitUG., Anm. 3.

[52]) Vgl. im einzelnen Goldbaum, Berner Übereinkunft; Klauer, a. a. O. S. 382 ff.; Neugebauer, ArchFunk. 1928, S. 295 ff., und Fernmelderecht, S. 854 ff.

von Werken der Literatur und der Tonkunst eine „Bearbeitung“ im Sinne des § 2 Abs. 2 in Verbindung mit § 12 Abs. 2 Ziffer 5 LitUG. darstellt.

Nach § 12 Abs. 1 LitUG. erstrecken sich die dem Urheber nach § 11 cit. in Ansehung seines Werkes zustehenden ausschließlichen Befugnisse auch auf die Bearbeitungen des Werkes. Dabei erstrecken sich die Befugnisse des Urhebers insbesondere auf die „Übertragung des Werkes auf Vorrichtungen für Instrumente, die der mechanischen Wiedergabe für das Gehör dienen, insbesondere auf auswechselbare Scheiben, Platten, Walzen, Bänder und sonstige Zubehörstücke solcher Instrumente“. Diese Vorschrift des § 12 wird ergänzt durch den § 2 Abs. 2 LitUG.: „Wird ein Werk der Literatur oder Tonkunst durch einen persönlichen Vortrag auf Vorrichtungen für Instrumente übertragen, die der mechanischen Wiedergabe für das Gehör dienen, so steht die auf diese Weise hergestellte Vorrichtung einer Bearbeitung des Werkes gleich. Das gleiche gilt, wenn die Übertragung durch Lochen, Stanzen, Anordnung von Stiften oder eine ähnliche Tätigkeit geschieht und die Tätigkeit als eine künstlerische Leistung anzusehen ist“.

Ist nun die funkmäßige Wiedergabe eines Werkes als eine solche Übertragung „auf Vorrichtungen für Instrumente, die der mechanischen Wiedergabe für das Gehör dienen“, anzusehen? Kann die Bestimmung des § 12 Abs. 2 in Verbindung mit § 2 Abs. 2 LitUG. auf die funkmäßige Wiedergabe Anwendung finden?

Diese Frage ist nicht ganz unbestritten, dürfte aber entgegen der Ansicht Reiches[53]), dem sich Reininger[54]) angeschlossen hat, mit der herrschenden Meinung[55]) zu verneinen sein.

Die Gründe, die gegen die Ansicht Reiches sprechen, sind zunächst rein technischer Natur. Bei einem Instrument im Sinne

---

[53]) Funkrecht, S. 46 ff. und Festgabe, S. 176.

[54]) A. a. O. S. 45 ff.

[55]) Allfeld, zu § 2 LitUG., Anm. 5; Goldbaum, Urheberrecht, S. 52; von Grolman, a. a. O. S. 92; Hoffmann, GRUR. 1925, S. 71; Knöpfke, a. a. O. S. 32 ff.; Leutner, a. a. O. S. 236; Mann, a. a. O. S. 19; Marwitz, a. a. O. S. 1622; Marwitz-Möhring, zu § 2 LitUG., Anm. 13; Neugebauer, Fernmelderecht, S. 817 ff.; Opet, Gruch. 68, S. 481; Simson, a. a. O. S. 97; Smoschewer, JR. 1925, S. 457; Steinberg, a. a. O. S. 13 ff.; OVG. in JW. 1925, S. 1679; KG. vom 19. Oktober 1931 (27. U. 5411. 31).

des § 12 Abs. 2 Ziffer 5 LitUG. handelt es sich — da das Gesetz ausdrücklich von der Übertragung auf „Vorrichtungen" für Instrumente spricht — zweifellos um ein rein mechanisch arbeitendes Instrument, das zufolge des ihm eigenen technischen Aufbaues in der Lage ist, selbständig und ohne weitere unmittelbare menschliche Betätigung Schallwirkungen hervorzubringen, sobald sein Mechanismus von Menschenhand oder durch elektrische Kraft in Tätigkeit gesetzt ist. Die Übertragung im vorstehenden Sinne schafft mithin ein Werkexemplar, das heißt einen sinnlich wahrnehmbaren, körperlich greifbaren Gegenstand von bleibender Gestalt, der zu jeder beliebigen Zeit eine beliebig häufige Wiederholung der gleichen Leistung ermöglicht[56]).

Anders liegt der Fall bei einer funkmäßigen Wiedergabe. Abgesehen davon, daß die Übertragung eines Werkes auf dem Funkweg (im Gegensatz zu einer Übertragung im Sinne des § 12 Abs. 2 Ziffer 5 LitUG.[57]) auf direktem Wege erfolgt, indem der Vortrag des Künstlers vor dem Mikrophon „nicht die Vorbereitung für eine spätere mechanische Wiedergabe, sondern die Wiedergabe selbst"[58]) ist, kann hier von der Schaffung eines Werkexemplars, das später eine beliebig häufige, rein mechanische Wiedergabe der einmaligen Leistung des Künstlers ermöglicht, keine Rede sein. Die funkmäßige Wiedergabe geschieht vielmehr nur einmal; „ist die Wiedergabe geschehen, so ist weder in der Sendeanlage, noch in der Empfangsanlage irgendein greifbares, zur nochmaligen mechanischen Wiederholung der Wiedergabe fähiges Gebilde vorhanden[59]), [60]).

---

[56]) Ebenso Allfeld, a. a. O.; Neugebauer, Fernmelderecht, S. 818; Steinberg, a. a. O. S. 14 f.; KG. in GRUR. 1925, S. 282. — Anders Reiche, Funkrecht, S. 46, der das Erfordernis einer sinnfälligen, körperlichen Wiedergabe leugnet (gegen ihn auch RGZ. Bd. 113 Nr. 71 S. 415 f.).

[57]) Vgl. hierüber ausführlich Steinberg, a. a. O. S. 15.

[58]) Simson, a. a. O. S. 97.

[59]) Neugebauer, Fernmelderecht, S. 818.

[60]) Die entgegengesetzte Ansicht Reiningers ergibt sich daraus, daß er (S. 13 ff. und 38) das Problem nicht von der Sendetätigkeit, sondern von dem Fall aus betrachtet, daß auf der Empfangsseite ein Telegraphon angeschaltet wird, durch dessen Tätigkeit allerdings ein Werkexemplar geschaffen wird. Dies ist aber ein ganz anderer Tatbestand als der vorliegend zu behandelnde (ebenso Neugebauer, Fernmelderecht, S. 818, Anm. 9).

An dieser Stelle sei noch ein Einwand eingeschoben, der für das Sondergebiet des Bildfunks von Bedeutung ist. Man könnte nämlich entgegnen, daß bei einer Bildübermittlung doch ein Werkexemplar im obigen Sinne geschaffen werde; mit beendeter Wiedergabe liege doch auf seiten des Empfängers ein sinnlich wahrnehmbares Ergebnis der funkmäßigen Wiedergabe — das Funkbild — vor! Dieser Einwand kann einer näheren Untersuchung nicht standhalten. Denn von einer Bearbeitung im Sinne der §§ 2 Abs. 2 und 12 Abs. 2 Ziffer 5. LitUG. kann nur dann die Rede sein, wenn die Aufzeichnung der Sendung beim Empfänger eine Wiedergabe „für das Gehör" ermöglichen soll. Das dürfte aber bei einer Bildübermittlung wohl kaum ernstlich behauptet werden können. Dazu kommt, daß es sich bei dem Funkbild nicht um ein Instrument im Sinne des § 12 Abs. 2 Ziffer 5 LitUG. handelt, das — wie oben dargelegt — aus sich heraus in der Lage ist, das Aufgenommene zu reproduzieren. Das Funkbild ist vielmehr lediglich das fixierte Ergebnis der Bildübermittlung, das nicht dazu bestimmt ist, seinerseits eben dies aufgenommene Bild erneut wiederzugeben.

Aus den oben dargelegten rein technischen Unterschieden zwischen einer Übertragung „auf Vorrichtungen für Instrumente, die der mechanischen Wiedergabe für das Gehör dienen" im Sinne der §§ 2 Abs. 2 und 12 Abs. 2 Ziffer 5 LitUG. und einer funkmäßigen Übertragung ergibt sich, daß eine direkte Anwendung dieser Vorschriften des Gesetzes auf die Rundfunkwiedergabe ausgeschlossen ist. Untersuchungsbedürftig ist jetzt noch die Frage, ob vielleicht eine analoge Anwendung zu befürworten ist.

Wie die Entwicklungsgeschichte der genannten Gesetzesvorschriften ergibt, handelt es sich bei diesen Bestimmungen um Ausnahmevorschriften, die eine Durchbrechung der sonst vom Gesetzgeber befolgten Grundsätze bedeuten[61]); sie erfüllen lediglich den Zweck, „der Industrie einen Schutz gegen unberechtigte

---

[61]) Vgl. im einzelnen dazu Marwitz-Möhring, zu § 2 LitUG., Anm. 12 und 13. — Über die Frage, ob es sich hier um „Ausnahmevorschriften" oder nur um „Begrenzungen des Rechts des Urhebers" handelt, vgl. im übrigen RGZ. Bd. 128 Nr. 17 S. 103, RGZ. Bd. 130 Nr. 43 S. 199, und Hallermann in JW. 1931, S. 440, die übereinstimmend den Begriff „Ausnahmevorschriften" verwenden.

Nachbildung ihrer oft mit großen Kosten erworbenen Vorrichtungen zu bewilligen“[62]). Ist das aber der Fall, dann müssen diese Bestimmungen einschränkend, aber nicht erweiternd ausgelegt werden. Eine analoge Anwendung der §§ 2 Abs. 2 und 12 Abs. 2 Ziffer 5 LitUG. auf die funkmäßige Wiedergabe kann daher ebenfalls nicht in Frage kommen[63]). Als eine „Bearbeitung“, die gemäß den Vorschriften des LitUG. Schutz genießt, läßt sich die funkmäßige Wiedergabe mithin nicht deuten.

bb) Es ist weiter zu untersuchen, ob sie sich vielleicht als „öffentlicher Vortrag“ im Sinne des § 11 Abs. 3 LitUG. auslegen läßt. Die Beantwortung dieser Frage ist in Wissenschaft und Praxis nicht einheitlich erfolgt; man hat die Frage teils bejaht[64]), zum überwiegenden Teil aber verneint[65]). Welche Ansicht als die richtige anzusprechen ist, wird im Folgenden zu prüfen sein.

Gemäß § 11. Abs. 3 LitUG. hat der Urheber eines Schriftwerkes oder eines Vortrages, solange nicht das Werk erschienen ist, die ausschließliche Befugnis, das Werk „öffentlich vorzutragen“. Hieraus ergibt sich als argumentum e contrario: ist das Werk bereits erschienen[66]), so entfällt die Beschränkung des

---

[62]) So der Entwurf nebst Begründung des Gesetzes vom 22. Mai 1910, Reichstag, 12. Legislaturperiode, II. Session, Anlagen Nr. 341, S. 1793.

[63]) Beistimmend Marwitz-Möhring, zu § 2 LitUG., Anm. 12; Steinberg, a. a. O. S. 18; Knöpfke, a. a. O. S. 35; RGZ. Bd. 113 Nr. 71 S. 416.

[64]) Hoffmann, LZ. 1924, S. 455; ders., GRUR. 1925, S. 71; ders., JW. 1925, S. 931; ders., JR. 1925, S. 609; ders., ArchFunk. 1928, S. 228 ff.; Leutner a. a. O. S. 236; List, a. a. O. S. 67 f.; Marwitz, a. a. O. S. 1626; Neugebauer, Funkrecht, S. 97; Osterrieth, a. a. O. S. 266; Pincus, a. a. O. S. 124; Schaefer, a. a. O. S. 123; LG. I München in BayZ. 1925, S. 266.

[65]) Allfeld, zu § 11 LitUG., Anm. 21 b; Elster, GRUR. 1925, S. 185; Goldbaum, Urheberrecht, S. 142; von Grolman, a. a. O. S. 92; Hillig, GRUR. 1925, S. 214; Knöpfke, a. a. O. S. 24; Marwitz-Möhring, zu § 11 LitUG., Anm. 37; Neugebauer, Fernmelderecht, S. 826, und Handwörterbuch, S. 523; Opet, Gruch. 68, S. 481; Reiche, Festgabe, S. 176; Reiners, a. a. O. S. 112; Smoschewer, JR. 1925, S. 473; Steinberg, a. a. O. S. 31; RGZ. Bd. 113 Nr. 71 S. 420.

[66]) „Erschienen“ ist ein Werk, wenn es von einem geschäftlichen Mittelpunkt der Verbreitung aus in einer Vielzahl von Vervielfältigungsexemplaren in der Öffentlichkeit tatsächlich angeboten und zum Verkauf an das Publikum bereitgestellt ist (vgl. RG. in Ufita 1930, S. 628 = RGZ. Bd. 130 Nr. 4 S. 19; Hoffmann, LZ. 1920, S. 820; ders., JW. 1931, S. 435 f.; zu eng Allfeld, zu § 7 LitUG., Anm. 2).

§ 11 Abs. 3 LitUG., und jedermann kann das Werk frei „öffentlich vortragen". Daraus ergibt sich praktisch die weitere Folge: fällt — wie die in Anm. 64 angeführten Autoren annehmen — die funkmäßige Wiedergabe unter den Begriff des „öffentlichen Vortrags", so würden gemäß dem Umkehrschluß aus § 11 Abs. 3 LitUG. die Sendegesellschaften berechtigt sein, solche bereits erschienenen Werke ohne Genehmigung des Trägers des Urheberrechts frei zu senden[67]) — ein rechtspolitisch zweifellos äußerst unbilliges Ergebnis.

Die Untersuchung, ob die Wiedergabe durch den Rundfunk unter den Begriff des „öffentlichen Vortrages" unterzuordnen ist, hat auszugehen von der Prüfung der Frage, ob der nach § 11 Abs. 3 LitUG. erforderliche Begriff der „Öffentlichkeit" des Vortrags bezüglich der funkmäßigen Wiedergabe eines Werkes gegeben ist.

Bei der Bestimmung des Begriffs „Öffentlichkeit" erscheint es nicht zweckmäßig, mit Kohler[68]) und de Boor[69]) von dem nur kleinen Kreis des Privatlebens und des Häuslichen auszugehen und den Begriff der Öffentlichkeit in Gegensatz zu diesen beiden Begriffen des Privatlebens und des Häuslichen zu stellen. Denn daß die Fassung dieser beiden von Kohler und de Boor gewählten Begriffe zu eng ist, liegt klar auf der Hand; der Begriff der Öffentlichkeit würde nach dieser Ansicht eine zu umfangreiche Ausdehnung erfahren. Man wird vielmehr den Ausgangspunkt weiter fassen und sagen müssen: öffentlich ist ein Vortrag nur dann, wenn er von unbestimmt welchen und wie vielen Personen gehört werden kann. Die Unbestimmtheit des Personenkreises ist dabei allerdings nicht im absolutesten Sinne zu verstehen, sondern durch die nach den Umständen des Falles zu bemessende Willensbildung der Beteiligten zu erfassen. Es ist vielleicht nicht ganz unzweckmäßig, den Begriff „Öffentlichkeit" von der negativen Seite aus zu behandeln und zu sagen: Öffentlichkeit liegt dann nicht vor, wenn der Kreis der Zuhörer infolge des Bestehens eines inneren Bandes von wechselseitigen persönlichen Beziehungen, die zwischen den einzelnen diesen Personenkreis bildenden Personen vorhanden sind, einen in sich geschlos-

[67]) Beistimmend Steinberg, a. a. O. S. 20.

[68]) Urheberrecht, S. 185.

[69]) A. a. O. S. 125.

senen und nach außen abgegrenzten Charakter trägt[70]). Oder positiv ausgedrückt: „Öffentlich“ ist ein Vortrag dann, wenn er von einem tatsächlich vorhandenen, größeren, individuell von vornherein nicht bestimmten, durch persönliche Beziehungen nicht zusammengehaltenen Personenkreis unmittelbar wahrgenommen werden kann[71]).

Betrachtet man unter diesem Gesichtspunkt die Rundfunkwiedergabe, so wird man sich der Ansicht nicht verschließen können, daß der Begriff der „Öffentlichkeit“ erfüllt ist. Denn man kann nicht behaupten, daß es sich bei der Hörerschaft um einen solchen geschlossenen Personenkreis handelt, der durch wechselseitige persönliche Beziehungen zusammengehalten wird[72]). Zwar richtet sich die Darbietung der Sendegesellschaft bestimmungsgemäß nur an einen beschränkten Personenkreis der Bevölkerung, nämlich an diejenigen, die durch die Zahlung der Teilnehmergebühren eine Empfangserlaubnis erwirkt haben. Aber der Zutritt zu diesem abgegrenzten Hörerkreis steht jedermann zu jeder beliebigen Zeit frei; jedem steht die Möglichkeit offen, in diesen bestimmungsgemäß abgeschlossenen — aber nicht in sich, individuell geschlossenen! — Kreis einzutreten. Es ist daher nicht angängig, den Begriff „Öffentlichkeit“ abzulehnen[73]).

Fällt die funkmäßige Wiedergabe eines Werkes nun auch unter den Begriff des „Vortrages“? Man wird bei der Prüfung dieser Frage zweckmäßig vom allgemeinen Sprachgebrauch des täglichen Lebens ausgehen, um dann auf die besondere Ausdrucksweise des Gesetzes (vgl. § 11 Abs. 3 LitUG.) überzugehen.

„Vortrag“ ist zweifellos (wie die in § 11 Abs. 1 LitUG. aufgeführten Begriffe der Vervielfältigung und der Verbreitung) eine Art der Mitteilung, und zwar ist er die Mitteilung des Inhalts eines Schriftwerkes oder eines Vortrages durch einen einzelnen[74]) an andere durch das Mittel der menschlichen Sprache[75]). Ob der Vortrag im Wege des einfachen Vorlesens oder des Deklamierens,

---

[70]) Beistimmend Allfeld, zu § 11 LitUG., Anm. 19; Marwitz-Möhring, zu § 11 LitUG., Anm. 24.

[71]) Ebenso Allfeld, a. a. O., der ein ausführliches Referat über den Begriff „öffentlich“ gibt; Voigtländer-Fuchs, zu § 11 LitUG., Anm. 4 b.

[72]) Übereinstimmend Hoffmann, LZ. 1924, S. 455.

[73]) Gleicher Ansicht Steinberg, a. a. O. S. 21.

[74]) Beistimmend Elster, Gewerblicher Rechtsschutz, S. 145.

[75]) So bereits Kohler, Urheberrecht, S. 183.

das heißt „des nach den Regeln der Kunst ohne szenische Einrichtungen bewirkten Vortragens“[76]), oder einer sonstigen freien mündlichen Wiedergabe zu Gehör gebracht wird, ist dabei unbeachtlich; ebenso bleibt es außer Ansatz, ob dem Vortrag eine größere Vielheit oder nur eine geringe Anzahl (vielleicht auch gar kein) Zuhörer beiwohnt, ob der Vortragende vor Tauben redet oder in einer Sprache, die die Hörer nicht verstehen[77]).

Vergleicht man die eben gefundene Begriffsbestimmung des „Vortrages“ mit dem Tatbestand der funkmäßigen Wiedergabe, so könnte man zunächst vielleicht geneigt sein anzunehmen, daß die funkmäßige Wiedergabe unter den Begriff des Vortrages, und zwar des „öffentlichen Vortrages“, unterzuordnen sei[78]). Man könnte nämlich sagen: Ein Schriftwerk bzw. ein Vortrag wird gesprochen. Diese gesprochenen Worte werden durch den Rundfunk mit Hilfe der Hertzschen Wellen ausgesendet und damit den Hörern unmittelbar zu Gehör gebracht[79]). Ob der Vortragende diese seine Worte vor versammelter Hörerschar — das heißt mitten unter ihnen — spricht oder im Senderaum — also abgeschlossen, den Hörern unsichtbar — vorträgt, kann gleichgültig sein; die Wirkung ist jedenfalls in beiden Fällen die gleiche: der Hörer vernimmt den Vortrag.

Dies Ergebnis mag — da beim Vortrag wie bei der Rundfunkübermittlung die Wirkung tatsächlich insofern dieselbe ist, „als hier wie dort gesprochene Worte durchs Gehör aufgenommen werden“[80]) — auf den ersten Blick richtig erscheinen; bei näherer Prüfung ergeben sich jedoch so beträchtliche Unterschiede, daß die funkmäßige Wiedergabe nicht als „Vortrag“ im Sinne des Urheberrechts angesehen werden kann[81]).

Zunächst kommt es freilich nicht darauf an — worauf Smoschewer[82]) großen Wert legt —, ob der Rundfunkteilnehmer wirklich den Vortrag des Vortragenden hört, ob die ursprünglichen

---

[76]) Voigtländer-Fuchs, zu § 11 LitUG., Anm. 5.

[77]) Hoffmann, ArchFunk. 1928, S. 231.

[78]) So in der Tat Hoffmann, ArchFunk. 1928, S. 231, und Osterrieth, a. a. O. S. 266.

[79]) Ob die Hörer von der Aufnahmemöglichkeit Gebrauch machen, ist für die urheberrechtliche Betrachtung ohne jegliche Bedeutung.

[80]) RGZ. Bd. 113 Nr. 71 S. 420.

[81]) Gleicher Ansicht Neugebauer, Fernmelderecht, S. 827.

[82]) JR. 1925, S. 473; gegen ihn Pincus, a. a. O. S. 124.

Schallwellen vom Hörer aufgenommen werden, oder ob nur ein auf mechanischem Wege hergestelltes Abbild eines Vortrages erzeugt wird, indem der Rundfunkteilnehmer neuerzeugte Wellen, nicht die ursprünglich gesendeten zu Gehör bekommt[83]). Denn die Wirkung der funkmäßigen Wiedergabe ist — selbst wenn man sich auf den Standpunkt der heute überholten Auffassung des Reichsgerichts stellen wollte — stets die gleiche: der Rundfunkteilnehmer hört den Vortrag, „nicht wird ihm ein solcher vorgetäuscht“[84]).

Damit ist aber noch nicht gesagt, daß dieser „Vortrag“ im Senderaum auch ein „Vortrag“ im Sinne des § 11 Abs. 3 LitUG. ist.

Der „Vortrag“ war oben allgemein gekennzeichnet als die Mitteilung des Inhalts eines Schriftwerkes oder eines Vortrages durch einen einzelnen an andere durch das Mittel der menschlichen Sprache.

Der öffentliche Vortrag im Sinne des § 11 Abs. 3 LitUG. wendet sich nun nach herrschender Meinung[85]) an einen begrifflich zwar unbegrenzten, tatsächlich aber an einen begrenzten Kreis von Zuhörern[86]); er ist, wenn der Vortragsort räumlich abgeschlossen ist, durch den zu Gebote stehenden Raum beschränkt; findet der Vortrag im Freien, das heißt in einem stark erweiterten Rahmen, statt, so sind dem Vortrag durch die natürliche Tragweite der menschlichen Stimme — selbst wenn sie durch Benutzung künstlicher Hilfsmittel (Megaphone, Schallrohre und Lautsprecher) verstärkt sein sollte —, Grenzen gezogen.

Anders ist es dagegen bei der funkmäßigen Wiedergabe. Sie wendet sich an eine fast unbegrenzte Zahl von Hörern, denn die

---

[83]) So — in Anlehnung an ein Urteil des Reichsgerichts (RGSt. Bd. 19 Nr. 15 S. 59/60) — Smoschewer, dessen Ansicht durch ein in JR. 1925, S. 599 ff. abgedrucktes Gutachten des Leipziger Physikers Marx widerlegt ist. Gegen ihn auch OVG. in PVBl. 1925, S. 401.

[84]) Opet, Gruch. 68, S. 482.

[85]) Vgl. statt aller Allfeld, zu § 11 LitUG., Anm. 21 b.

[86]) Darin liegt ein starker Unterschied und zugleich eine große Beschränkung im Verhältnis zur „Verbreitung“; denn diese „trägt ihrem typischen Charakter nach die Möglichkeit in sich, das Werk sämtlichen Bewohnern der zivilisierten Erdoberfläche zugänglich zu machen, es zu verbreiten in des Wortes weitester Möglichkeit“ (LG. III Berlin in JW. 1925, S. 1042).

dem gewöhnlichen Vortrag gezogenen räumlichen Schranken kommen so gut wie ganz in Fortfall. Der Rundfunkvortrag bietet die Möglichkeit, durch eine einzige Veranstaltung den Vortrag in räumlich unbegrenzte Weiten hinauszutragen, so daß der Hunderte von Kilometern entfernt wohnende Teilnehmer der Rundfunkdarbietung teilhaftig werden kann. „Diese Wirkung des Rundfunks in weiteste Ferne und an Mengen von Menschen, denen, wenn sie versammelt wären, keine Stimme sich durchaus vernehmlich machen könnte, weicht so von aller früheren Erfahrung und Vorstellbarkeit ab, daß rechtliche Gleichbehandlung mit einem öffentlichen Vortrag abzulehnen ist"[87]).

Zu dieser starken Verschiedenheit der beiden Arten von Vorträgen in den räumlichen Voraussetzungen gesellt sich ein weiterer Umstand, der eine unterschiedliche Behandlung des Vortrages im Sinne des § 11 Abs. 3 LitUG. und der rundfunkmäßigen Wiedergabe bedingt: die Wechselbeziehungen zwischen dem Vortragenden und seinen im gleichen Raum sich befindenden Hörern. Der Vortrag im Sinne des Gesetzes schafft zwischen dem Vortragenden und seinen Zuhörern einen persönlichen Kontakt, der sich „im Eindruck des Vortragenden auf die Hörerschaft und hinwiederum in der Einwirkung der Hörerschaft auf den Vortragenden"[88]) geltend macht; dazu tritt verstärkend das dem Hörerkreis sichtbare Mienen- und Gebärdenspiel des Vortragenden.

Von alledem kann bei einer Rundfunkübertragung keine Rede sein. Der Vortragende hält seinen Vortrag — den Hörern unsichtbar und damit zugleich „unzugänglich dem Fluidum, das zwischen dem Vortragenden und der ihm wahrnehmbaren Menge der Hörer eine Gemeinschaft herstellt"[89]) — im Senderaum, beschränkt einzig und allein auf die Klangwirkung seiner Worte

---

[87]) So RGZ. Bd. 113 Nr. 71 S. 421. Anderer Ansicht Osterrieth, a. a. O. S. 266, der diesem von der herrschenden Meinung gemachten Unterschied eine rechtliche Bedeutung nicht zumißt, da er nur einen Gradunterschied für den Umfang der Öffentlichkeit bedeute; wie Osterrieth auch Lion, BlfF. 1927, S. 2; Mann, a. a. O. S. 33, und Pincus, a. a. O. S. 125.

[88]) RGZ. Bd. 113 Nr. 71 S. 421; ebenso auch Lion, BlfF. 1927, S. 3, und Smoschewer, JR. 1925, S. 566. Anders mit starken Gründen List, a. a. O. S. 67 f., und Pincus, a. a. O. S. 125.

[89]) Opet, Gruch. 68, S. 482.

auf das Ohr des Teilnehmers. Jeglicher Einfluß seiner Persönlichkeit, den er durch die Eigenart seines Vortrages und durch die begleitende Gestaltung seiner Darbietung beim gewöhnlichen Vortrag auszuüben vermag, kommt hier in Fortfall; denn ihm fehlt jede Anteilnahme der Hörerschaft, die seine künstlerische Leistung zu steigern imstande wäre.

Aus all diesen Gründen[90]) ergibt sich, daß die Wiedergabe durch den Rundfunk begrifflich etwas völlig anderes ist als der „öffentliche Vortrag" im Sinne des § 11 Abs. 3 LitUG.; daraus folgt mit Notwendigkeit, daß diese Bestimmung des Urheberrechtsgesetzes auf die Rundfunkwiedergabe keine Anwendung finden kann[91]).

cc) Ist die funkmäßige Wiedergabe nach den vorstehenden Ausführungen weder eine „Bearbeitung" noch ein „öffentlicher Vortrag", so ist im Folgenden zu prüfen, ob sie vielleicht unter den Begriff „Vervielfältigung" im Sinne des § 11 Abs. 1 Satz 1 LitUG. untergeordnet werden kann.

Elster[92]), dem sich vor allem Crisolli[93]) angeschlossen hat, bejaht diese Frage; die herrschende Meinung[94]) ist gegen ihn.

Gemäß § 11 Abs. 1 Satz 1 LitUG. hat der Urheber die ausschließliche Befugnis, „das Werk zu vervielfältigen". Ist in der

---

[90]) Über die weitere Frage, ob die Bestimmung des § 11 Abs. 3 LitUG. als eine eng auszulegende Ausnahmevorschrift anzusehen ist, vgl. Elster, GRUR. 1925, S. 184, und RGZ. Bd. 113 Nr. 71 S. 422 f.

[91]) Dies Ergebnis entspricht übrigens speziell hinsichtlich der Bildübermittlung — die ja rechtlich der gewöhnlichen rundfunkmäßigen Wiedergabe gleich zu behandeln ist — der Billigkeit und unserem Rechtsgefühl, da bei der funkmäßigen Übermittlung eines Bildes von einem „Vortrag" wohl kaum die Rede sein kann.

[92]) MuW. 1924, S. 229 f.; BBl. 1924, S. 8687 f.; GRUR. 1925, S. 185; GRUR. 1926, S. 372; ArchFunk. 1928, S. 213 ff.; Gewerblicher Rechtsschutz S. 164 ff.

[93]) GRUR. 1926, S. 201.

[94]) Allfeld, zu § 11 LitUG., Anm. 3; Goldbaum, Urheberrecht, S. 138; von Grolman, a. a. O. S. 92; Hillig, a. a. O. S. 213; Hoffmann, GRUR. 1925, S. 70; Knöpfke, a. a. O. S. 26; Leutner, a. a. O. S. 236; Mann, a. a. O. S. 29; Marwitz-Möhring, zu § 11 LitUG., Anm. 6; Neugebauer, Fernmelderecht, S. 820; Opet, Gruch. 68, S. 481; Osterrieth, a. a. O. S. 265; Pincus, a. a. O. S. 126; Reiners, a. a. O. S. 112; Simson, a. a. O. S. 98; Steinberg, a. a. O. S. 34; RGZ. Bd. 113 Nr. 71 S. 416; KG. in GRUR. 1925, S. 282; KG. vom 19. X. 1931 (27. U. 5411.31).

funkmäßigen Wiedergabe eine derartige „Vervielfältigung des Werkes“ zu erblicken? Um diese Frage beantworten zu können, ist es zunächst erforderlich, die Begriffe „Werk“ und „Vervielfältigung“ klarzustellen.

Das Gesetz gibt uns keine einheitliche Definition des Begriffes „Werk“, es bedient sich vielmehr dieses Ausdruckes bald in dieser, bald in jener Form[95]). Es gebraucht einerseits den Begriff „Werk“, um eine res incorporalis, etwas Immaterielles, zu kennzeichnen, nämlich „das Erzeugnis einer individuellen schöpferischen Geistestätigkeit“[96]) in seiner unkörperlichen Gestalt. Anderseits spricht das Gesetz von „Werken“ der Literatur, der Tonkunst und der bildenden Künste; allen diesen „Werken“ ist gemeinsam, daß es sich um ein Werk als res corporalis handelt, um die in einer bestimmten, äußerlich sichtbaren Form festgelegte Geistestätigkeit des Urhebers. Dabei darf aber nie außer Acht gelassen werden, daß Gegenstand des urheberrechtlichen Schutzes stets nur das Unkörperliche ist, nur das „Werk“ als geformter Gedankeninhalt[97]).

Welche dieser beiden entgegengesetzten Bedeutungen dem „Werk“ im Sinne des § 11 Abs. 1 Satz 1 LitUG. (und zwar zunächst nur hinsichtlich des Begriffes „Vervielfältigung“) beizumessen ist, kann zweifelhaft sein und ist in der Tat auch in der Literatur bestritten. Man wird sich meines Erachtens jedoch der Ansicht anzuschließen haben, die hier das „Werk“ als eine res incorporalis (Werk als Geistesgut im Gegensatz zum Werk als Exemplar) ansieht[98]).

Ist nun die funkmäßige Wiedergabe als „Vervielfältigung“ eines solchen Werkes anzusehen? Man wird zweckmäßig bei der

---

[95]) Ebenso Riezler, a. a. O. S. 214. Anders Elster, ArchFunk. 1928, S. 218: „Das Gesetz meint überall, wo es ‚Werk‘ sagt, die in eine wahrnehmbare Form gebrachte Geistesschöpfung als Einheit — ganz gleichgültig, in welcher Etappe ihrer irdischen Formgebung der unbefugte Eingriff geschähe!“ Diese Ansicht Elsters läßt sich meines Erachtens im Hinblick auf die verschiedenartige Anwendungsweise des Begriffes „Werk“ nicht halten (vgl. hierzu die Erörterungen auf S. 47 ff.).

[96]) Steinberg, a. a. O. S. 32.

[97]) Beistimmend: von Hentig, a. a. O. S. 13; Hoffmann, JR. 1925, S. 603; Smoschewer, JR. 1925, S. 461; Riezler, a. a. O. S. 214.

[98]) So richtig: Allfeld, zu § 11 LitUG., Anm. 2; Goldbaum, Urheberrecht, S. 138; Steinberg, a. a. O. S. 32.

Untersuchung dieser Frage von der Klärung des Begriffes „Vervielfältigung“ ausgehen.

Bis zu dem Tage, da der Funkurheberrechtsstreit einsetzte, bezeichnete man als „Vervielfältigung“ übereinstimmend „die Herstellung eines körperlichen Gegenstandes, der das Werk zum Zwecke sinnlicher Wahrnehmung wiedergibt und es derart festlegt, daß diese sinnliche Wahrnehmung sich beliebig oft wiederholen kann“[99]). Vervielfältigung bedeutete also: Wiedergabe des Werkes in einem körperlichen Gegenstand, Herstellung von Werkexemplaren in einer Dauerform[100]), „in denen das Werk sich gleichermaßen verkörpert wie im Original“[101]). Durch welches Verfahren — Handschrift oder Schreibmaschine, mechanischer Druck oder Lithographie, Hektographie oder Photographie — diese Vervielfältigung geschieht, ist ebenso gleichgültig wie das Material, aus dem der körperliche Gegenstand hergestellt wird (Papier, Metall, Holz, Stein); und schließlich ist es auch belanglos, ob die Wahrnehmung durch das Gesicht, durch das Gehör oder durch bloßes Tasten vermittelt wird[102]).

Gegen diesen, wenn man so sagen darf, althergebrachten Begriff der „Vervielfältigung“ wendet sich neuerdings Elster[103]), um seine Ansicht zu stützen, daß die funkmäßige Wiedergabe eines Werkes eine „Vervielfältigung“ im Sinne des § 11 Abs. 1 Satz 1 LitUG. darstelle. Er steht auf dem Standpunkt, daß die Schaffung von körperlich selbständigen, sinnlich wahrnehmbaren Gegenständen in Dauerform für den Begriff „Vervielfältigung“ nicht wesentlich sei. Wenn der Urheber nach dem Gesetz die ausschließliche Befugnis habe, sein Werk zu „vervielfältigen“, so bedeute das: „die Form, die zur Wahrnehmbarkeit im heutigen Verkehr nötig sei, herzustellen, damit diese wahrnehmbare Form verbreitet werden könne. § 1 UG. nenne dafür ausdrücklich ver-

---

[99]) Allfeld, zu § 11 LitUG., Anm. 3; ebenso RGZ. Bd. 107 Nr. 80 S. 279.

[100]) Dies Merkmal ist wesentlich für den Unterschied zwischen „Vervielfältigung“ und „Vortrag“ (vgl. hierzu Osterrieth, a. a. O. S. 265).

[101]) Hoffmann, GRUR. 1925, S. 70.

[102]) Vgl. zum Vorstehenden vor allem: Allfeld, zu § 11 LitUG., Anm. 2 ff.; Dernburg, a. a. O. S. 58; Gierke, a. a. O. S. 793; Kohler, Urheberrecht, S. 175 ff.; Riezler, a. a. O. S. 252 und S. 423.

[103]) GRUR. 1925, S. 186; GRUR. 1926, S. 372; ArchFunk. 1928, S. 218 f.

schiedene Formen solcher Wahrnehmbarkeit: Schrift, Rede, Tanz und Pantomime (die beide auch in nichtschriftlicher Form festgelegt werden könnten!). Wo sei da die jetzt so häufig zitierte Voraussetzung einer Dauerform in Gestalt eines greifbaren Exemplars"[104])?

Will man dieser Ansicht Elsters, die in der einschlägigen Literatur viele Gegner gefunden hat, den Boden entziehen, so muß man auf die Motive zum Urheberrechtsgesetz zurückgreifen[105]). In Anlehnung an das alte Gesetz, betreffend das Urheberrecht an Schriftwerken, Abbildungen, musikalischen Kompositionen und dramatischen Werken vom 11. Juni 1870 (Bundesgesetzblatt 1870, S. 339 ff.) hatte § 15 LitUG. in der Regierungsvorlage diese Fassung: „Die rechtswidrige Vervielfältigung eines Werkes ist Nachdruck." Man hatte diesen Begriff des „Nachdrucks" nicht etwa deshalb gewählt, weil man die technische Eigenart des Nachdrucks rechtlich besonders bewerten zu müssen glaubte, sondern weil man augenscheinlich der Meinung war, der Nachdruck sei die einzige „im Gemeinschaftsleben wesentliche, die einzige dem Urheber ‚gefährliche' Form der Vervielfältigung"[106]). Die so gewählte Fassung des Gesetzes in der Beschränkung auf den Nachdruck, das heißt auf die Wiedergabe eines Schriftwerkes durch die Pressevervielfältigung und die weitere Verbreitung dieser Erzeugnisse, erschien aber schon nach dem damaligen Stande der Technik als zu eng[107]). Um nun jede Art der Wiedergabe eines Werkes — nicht nur die auf drucktechnischem Wege — unter das Verbot des § 15 zu bringen, änderte man auf Vorschlag eines Kommissionsmitgliedes in der zweiten Lesung des Gesetzes die geplante Fassung und ersetzte den althergebrachten Begriff „Nachdruck" durch „Vervielfältigung". Aus dieser Entstehungsgeschichte erhellt unzweideutig, daß „Vervielfältigung" mehr ist als bloßer „Nachdruck"[108]). „Dies ändert aber daran nichts, daß der in § 15 aufgestellte Tatbestand sich mit dem herkömmlichen Begriff des Nachdrucks deckt"[109]).

---

[104]) Elster, ArchFunk. 1928, S. 218.
[105]) Zum Folgenden vgl. Kuhlenbeck, a. a. O. S. 130.
[106]) LG. III Berlin in JW. 1925, S. 1042.
[107]) Vgl. Kohler, Urheberrecht, S. 172, und Riezler, a. a. O. S. 252
[108]) Ebenso Elster, Gewerblicher Rechtsschutz, S. 128.
[109]) Allfeld, zu § 15 LitUG., Anm. 1.

Man gelangt an Hand dieser Entstehungsgeschichte der strittigen Gesetzesvorschrift zu dem Ergebnis, daß sich die Elstersche Ansicht, der Begriff der „Vervielfältigung" verlange nicht einen körperlichen, greifbaren, wahrnehmbaren Gegenstand der Verbreitung, nicht halten läßt. Der Begriff „Vervielfältigung" hat im Laufe der Zeit keinen Wandel erlebt und bedeutet daher, wie es auch die feststehende Praxis des Reichsgerichts[110]) betont, nach wie vor die Herstellung eines körperlichen Gegenstandes (Werkexemplars) in Dauerform, der das Werk zum Zwecke sinnlicher Wahrnehmung wiedergibt. Wichtig ist für diese Begriffsbestimmung — entgegen der Ansicht Elsters[111]) — das Moment der Dauer des Exemplars; dabei ist es ohne Einfluß, ob dem Gegenstand eine lange Lebensdauer beschieden ist oder nicht. „Nicht, daß die Vervielfältigung dauernd bleibt, ist das Kriterium, sondern daß die Vervielfältigung in einer Weise geschieht, die dauern kann"[112]).

Man kommt damit — gegen Elster — zu dem Ergebnis, daß der Begriff „Vervielfältigung" im Sinne des § 11 Abs. 1 Satz 1 LitUG., selbst im nur wirtschaftlichen Sinne[113]), auf die Wiedergabe durch den Rundfunk nicht paßt; denn mit der Beendigung der funkmäßigen Wiedergabe ist auch deren Gegenstand verschwunden, ist sie Schall und Rauch. Das aber ist mit dem Begriff „Vervielfältigung" unvereinbar.

Elster sucht nun seine Ansicht damit zu halten, daß er wenigstens im technischen Sinne von Vervielfältigung spricht. In der Entscheidung des Reichsgerichts Band 107 (Nr. 80 S. 278) werde offensichtlich auf das Mechanische besonderer Nachdruck gelegt; hier sei es nun der mechanische Apparat, der sich zwischen den Vortragenden und den Empfänger einschiebe und die Wirkung der einmal geschaffenen Leistung vervielfältige. „Selbst wenn man den Sendeapparat nicht unter solche Begriffe einreihen will, wird man den Empfangsapparat oder jedenfalls die Rundfunkanlage als Ganzes, die sich aus Sende- und Empfangsapparaten zusammensetzt, als jenes greifbare Etwas ansehen dürfen,

[110]) RGZ. Bd. 107 Nr. 80 S. 279; RGZ. Bd. 113 Nr. 71 S. 416.

[111]) ArchFunk. 1928, S. 219.

[112]) Hoffmann, GRUR. 1926, S. 267.

[113]) So Elster, BBl. 1924, S. 8687, und MuW. 1924, S. 229; gegen ihn Allfeld, zu § 11 LitUG., Anm. 3.

welches behufs Verbreitung der gefunkten Leistung nötig ist. Auch dieser Apparat oder seine Benutzung muß — wie ein Buch oder eine Schallplatte oder ein Theater- oder Konzertbillett — gekauft werden, damit der Teilnehmer des Rundfunks zur Teilnahme berechtigt werde. Das mechanisch-maschinelle Moment der Vervielfältigung der menschlichen Individualleistung ist also hier — im Gegensatz zu der unmittelbaren Aufnahme von Mensch zu Mensch bei einer Vorlesung oder einem Vortrag! — durch den Rundfunkapparat gegeben — in etwas anderer Art als es beim Druck eines Buches geschieht, aber doch nicht in so grundsätzlich abweichender Art, daß der Gedanke des § 11 UG. davor halt zu machen hätte"[114]).

Diese Beweisführung Elsters kann meines Erachtens nicht durchschlagen. Ganz abgesehen davon, daß sie außerordentlich gekünstelt erscheint[115]), hat sie einen Fehler in sich, der ihre Richtigkeit in Frage stellt. Elster vergleicht nämlich die Apparatur der Empfangsanlage mit einer Schallplatte und sieht hier das Moment der Vervielfältigung — das bei der Schallplatte ja ganz offensichtlich ist — in dem Rundfunkgerät. Diese Ansicht läßt sich bei näherer Betrachtung nicht aufrechterhalten. Bei der Schallplatte haben wir es zweifellos mit einem Vervielfältigungsexemplar zu tun, auf das das zu verbreitende Werk zunächst übertragen wird und das nach erfolgter Übertragung — ebenso wie z. B. ein gedrucktes Buch — das Werk in sich verkörpert und, sobald sein Mechanismus von Menschenhand oder durch elektrische Kraft in Tätigkeit gesetzt ist, selbsttätig in der Lage ist, es dem Benutzer (dem Konsumenten) vorzuführen. Die Schallplatte ist also eine Wiedergabe des Werkes, allerdings keine unmittelbare Wiedergabe, sondern eine (sinnlich wahrnehmbare) Wiedergabe einer Wiedergabe des Werkes (nämlich des Werkes als Geistesgut, als Idee). Diese Bedeutung kommt der Rundfunkempfangsanlage aber nicht zu. Sie verfolgt lediglich den Zweck, dem Teilnehmer den Empfang der von der Sendestelle verbreiteten Leistung des Vortragenden zu ermöglichen; sie ist gleichsam das verlängerte Ohr des Menschen, das diesen befähigt, selbst in weitester Entfernung vom Sendeort die Darbietung aufzunehmen. Der Apparat gibt aber nicht selbständig, aus sich her-

[114]) ArchFunk. 1928, S. 223.

[115]) Übereinstimmend Neugebauer, Fernmelderecht, S. 821, Anm. 15.

aus (wie die Schallplatte), die Darbietung wieder, nachdem sie auf ihn übertragen worden ist, sondern er vermittelt — ohne als Zwischenglied im oben gebrauchten Sinne zu dienen — den ursprünglichen Vortrag selbst[116]). Die Darbietung des Künstlers im Senderaum wird nicht zunächst auf den Empfangsapparat übertragen, der dann seinerseits die aufgenommene Darbietung zu wiederholten Malen wiedergeben kann, sondern er vermittelt dem Teilnehmer den Genuß des ursprünglichen Vortrages selbst, ohne eine dauerhafte Verkörperung der Leistung zu bewirken.

Man kommt damit zum Ergebnis der Untersuchung: Die funkmäßige Wiedergabe eines Werkes ist keine „Vervielfältigung" im Sinne des § 11 Abs. 1 Satz 1 LitUG.[117]).

Dies Ergebnis nötigt hinsichtlich der bildfunkmäßigen Wiedergabe noch zu einer ergänzenden Betrachtung insofern, als (außer Elster) auch Marwitz-Möhring und Neugebauer auf dem Standpunkt stehen, daß das aufgezeichnete Funkbild ein Vervielfältigungsergebnis, die bildfunkmäßige Wiedergabe eines Werkes mithin — im Gegensatz zu der gewöhnlichen funkmäßigen Wiedergabe — eine Vervielfältigung darstellt[118]). Ist dieser Ansicht beizupflichten und, bejahendenfalls, wie läßt sich diese Verschiedenheit mit dem oben festgestellten Satz in Übereinstimmung bringen, daß Rundfunk und Bildfunk rechtlich gleich zu behandeln sind?

Da Marwitz-Möhring jegliche Begründung ihrer Ansicht vermissen lassen, können sie bei der weiteren Untersuchung ausscheiden. Elster und Neugebauer dagegen bringen einige Ausführungen zu ihrer Meinung, auf die im Folgenden einzugehen ist. Bemerkenswert ist, daß sie auf verschiedenen Wegen zum gleichen Ergebnis gelangen.

Wie eben dargelegt wurde, steht Elster auf dem Standpunkt, daß die gewöhnliche funkmäßige Wiedergabe eines Werkes als eine „Vervielfältigung" im Sinne des § 11 Abs. 1 Satz 1 LitUG.

---

116) Beistimmend List a. a. O. S. 66.

117) Gleiches gilt vom Fernsehen, bei dem der Teilnehmer im Empfangsgerät auf einer Scheibe das gesendete Bild sieht, ohne daß eine Aufzeichnung der Sendung am Empfangsort stattfindet (vgl. Neugebauer, Fernmelderecht, S. 821, Anm. 16).

118) Vgl. Marwitz-Möhring, zu § 11 LitUG., Anm. 38; Neugebauer, Fernmelderecht, S. 820 Anm. 4, 825 und 832, der aber auch den Tatbestand der „Verbreitung" als gegeben ansieht (S. 832).

anzusehen ist. Da — wie wir weiterhin gesehen haben — Rundfunk und Bildfunk rechtlich gleich zu behandeln sind, ist das Elstersche Ergebnis, daß auch die bildfunkmäßige Wiedergabe eine „Vervielfältigung“ im Sinne des Gesetzes ist, folgerichtig. Den Beweis für die Richtigkeit seiner Ansicht sieht er in der Tatsache, daß das fixierte Funkbild (also ein Werkexemplar) unzweifelhaft ein Vervielfältigungsergebnis darstellt[119]).

Auf einem anderen Wege kommt Neugebauer zu seiner Ansicht. Er steht hinsichtlich der gewöhnlichen funkmäßigen Wiedergabe auf dem Standpunkt, daß hier von einer „Vervielfältigung“ im Sinne des LitUG. nicht die Rede sein kann. Aber er meint bezüglich der bildfunkmäßigen Wiedergabe, der Umstand, daß der Bildfunk im Gegensatz zum Rundfunk eine Aufzeichnung beim Empfänger bedinge, dürfe für die rechtliche Beurteilung der Sendetätigkeit nicht außer Ansatz bleiben. Auf diesem Wege kommt auch Neugebauer zu dem Ergebnis, daß die bildfunkmäßige Wiedergabe — im deutlichen Gegensatz zur gewöhnlichen rundfunkmäßigen Wiedergabe — eine „Vervielfältigung“ im Sinne des § 11 Abs. 1 Satz 1 LitUG. darstellt.

Daß das aufgezeichnete Funkbild als Werkexemplar ein Vervielfältigungsergebnis ist, läßt sich in der Tat nicht bestreiten. Trotzdem aber kann den Ausführungen Elsters und Neugebauers, daß die Bildfunksendung eine „Vervielfältigung“ im Sinne des Gesetzes darstelle, nicht beigetreten werden. Denn nach ihnen wird als rechtlich entscheidendes Merkmal die Aufzeichnung des gesendeten Bildes beim Empfänger bezeichnet, während nach der in dieser Arbeit (in Übereinstimmung mit Hoffmann) vertretenen Ansicht die Tätigkeit des Sendenden, das heißt der Sendegesellschaft, allein rechtlich entscheidend ist. Die Sendegesellschaft aber nimmt keine Vervielfältigung im Sinne des Urheberrechtsgesetzes vor; die Vervielfältigung besorgt vielmehr der

---

[119]) Betrachtet man allerdings Elsters Darlegungen von seiner eigenen Warte aus, dann gelangt man bei objektiver Betrachtung zu dem Ergebnis, daß seine Ausführungen nicht ganz folgerichtig sind. Denn einerseits steht er auf dem Standpunkt, daß die gewöhnliche funkmäßige Wiedergabe eine „Vervielfältigung“ darstellt; und anderseits (vgl. Anm. 17) meint er im Anschluß an Neugebauer, daß Bildfunk und Rundfunk urheberrechtlich verschieden zu behandeln seien. Demgemäß dürfte er an sich die bildfunkmäßige Wiedergabe nicht als eine „Vervielfältigung“ ansehen!

Empfänger (und damit wäre er, nicht die Sendegesellschaft, Verletzer des Urheberrechts!), dem durch die Tätigkeit der Sendegesellschaft Gelegenheit zu dieser Vervielfältigung gegeben wird. Man gelangt auf diesem Wege zu der Erkenntnis, daß die Auffassung, die funkmäßige Wiedergabe eines Werkes sei keine „Vervielfältigung" im Sinne des § 11 Abs. 1 Satz 1 LitUG., auch im Hinblick auf die Bildfunksendung aufrechtzuerhalten ist[120]).

dd) Es bleibt zum Schluß noch zu prüfen, ob die Rundfunkwiedergabe sich als „gewerbsmäßige Verbreitung" im Sinne des § 11 Abs. 1 Satz 1 LitUG. darstellt.

Der I. Zivilsenat des Reichsgerichts hat diese Frage in seinen beiden bekannten Entscheidungen vom 12. Mai 1926[121]) bejaht; die Rechtsprechung der unteren und der Instanzgerichte[122]) ist ihm in diesem Sinne vorangegangen, und auch zahlreiche Schriftsteller[123]) vertreten die „Verbreitungstheorie", so daß diese heute wohl als die herrschende Meinung angesehen werden kann. Doch auch mancher Widerspruch ist laut geworden[124]), dessen Berechtigung im Folgenden zu prüfen ist.

Gemäß § 11 Abs. 1 Satz 1 LitUG. hat der Urheber die ausschließliche Befugnis, das Werk zu vervielfältigen und „zu verbreiten". Fällt nun die Wiedergabe eines Werkes durch den Rund-

---

[120]) Beistimmend Allfeld, zu § 11 LitUG., Anm. 4, der allerdings keinerlei Begründung für seine Ansicht gibt.

[121]) RGZ. Bd. 113 Nr. 71 S. 413 ff. und RG. in GRUR. 1926, S. 344.

[122]) Vgl. LG. III Berlin in JW. 1925, S. 1042; LG. I Berlin in „Der geistige Arbeiter" 1925, Nr. 3; KG. in GRUR. 1925, S. 282; LG. Königsberg in GRUR. 1925, S. 231; OLG. Dresden in MuW. 1925, S. 153.

[123]) Allfeld, zu § 11 LitUG., Anm. 4; Fuchs, GRUR. 1926, S. 75; Goldbaum, JW. 1925, S. 931; ders., ArchFunk. 1928, S. 210 ff.; ders., Urheberrecht, S. 139; Hillig, a. a. O. S. 214; Neugebauer, Fernmelderecht, S. 823; Reiche, Festgabe, S. 174; Reiners, a. a. O. S. 112; Simson, a. a. O. S. 98; Smoschewer, JR. 1925, S. 456; ders., JR. 1926, S. 12; Steinberg, a. a. O. S. 37; KG. vom 19. Oktober 1931 (27. U. 5411.31), das die funkmäßige Wiedergabe allerdings auch als „öffentliche Aufführung" im Sinne des § 11 Abs. 2 LitUG., ansieht.

[124]) Elster, GRUR. 1925, S. 84; Hoffmann, LZ. 1924, S. 455; ders., GRUR. 1925, S. 70; ders., GRUR. 1925, S. 121; ders., JW. 1925, S. 931; ders., GRUR. 1926, S. 267; Knöpfke, a. a. O. S. 31; Leutner, a. a. O. S. 235; Lion, BlfF. 1927, S. 2; Mann, a. a. O. S. 27; Marwitz-Möhring, zu § 11 LitUG., Anm. 12; Opet, Gruch. 68, S. 481; Osterrieth, a. a. O. S. 266; Pincus, a. a. O. S. 126; Schaefer, a. a. O. S. 123.

funk unter den Begriff der „Verbreitung"? Um diese Frage beantworten zu können, ist es zunächst erforderlich, den Begriff der „Verbreitung" näher zu bestimmen; eine genaue und befriedigende Klarlegung dieses Begriffes ist wiederum nur möglich, wenn man zuvor untersucht, was Gegenstand der Verbreitung ist.

Das Gesetz sagt mit Bezug auf den Gegenstand: Der Urheber hat die ausschließliche Befugnis, das Werk zu vervielfältigen und zu verbreiten. Wir haben bereits oben (vgl. S. 39) gesehen, daß der Gesetzgeber den Ausdruck „Werk" in verschiedenem Sinne verwendet hat: das „Werk" als Geistesgut (die Geistesschöpfung als unkörperliche Gestaltungsform) und das „Werk" als Exemplar (die Geistesschöpfung im Sinne der körperlichen Festlegung der unkörperlichen Gestaltung). In welchem Sinne man das „Werk" im vorliegenden Falle zu verstehen hat, ist sehr umstritten[125]).

Wenn das Gesetz sagt, der Urheber habe die ausschließliche Befugnis, sein „Werk" zu vervielfältigen, so kann das, wie bereits festgestellt wurde, nur die Bedeutung haben: Der Urheber ist ausschließlich berechtigt, seinen in einer körperlichen Gestalt noch nicht festgelegten, aber bereits geformten Gedankeninhalt zu vervielfältigen, das heißt seine fertigen Ideen sinnlich wahrnehmbar festzulegen. Soll nun, wenn der Gesetzgeber dem Urheber die alleinige Befugnis gibt, sein „Werk" auch verbreiten zu dürfen, der Ausdruck „Werk" in gleicher Weise ausgelegt werden wie bei der „Vervielfältigung eines Werkes"? Allgemeiner gefaßt: Ist der Begriff „Werk" sowohl hinsichtlich der „Vervielfältigung" als auch im Hinblick auf die „Verbreitung" als res incorporalis zu deuten, oder besteht nach Inhalt, Zweck und Fassung des Gesetzes die Möglichkeit, in ein und demselben Satz den gleichen Ausdruck bald in diesem, bald in jenem Sinne auszulegen?

Elster[126]) steht auf dem Standpunkt, daß der Begriff „Werk" im ganzen § 11 LitUG. übereinstimmend auszulegen sei; das Gesetz sei gar nicht so schlecht, „daß es in ein und demselben Paragraphen oder gar in ein und demselben Satze das Wort

---

[125]) Vgl. zum Folgenden besonders: Elster, ArchFunk. 1928, S. 217 ff.; Hoffmann, JR. 1925, S. 603 ff.; Smoschewer, JR. 1925, S. 461 ff.; Steinberg, a. a. O. S. 32 f.

[126]) ArchFunk. 1928, S. 217.

‚Werk' in verschiedenem Sinne — als res corporalis und als res incorporalis — gebraucht". In ähnlicher Weise äußern sich Smoschewer[127]), Steinberg[128]) und Mann[129]).

Das Gesetz sagt in § 11:

„Der Urheber hat die ausschließliche Befugnis, das Werk zu vervielfältigen und gewerbsmäßig zu verbreiten; die ausschließliche Befugnis erstreckt sich nicht auf das Verleihen. Der Urheber ist ferner, solange nicht der wesentliche Inhalt des Werkes öffentlich mitgeteilt ist, ausschließlich zu einer solchen Mitteilung befugt.

Das Urheberrecht an einem Bühnenwerk oder an einem Werke der Tonkunst enthält auch die ausschließliche Befugnis, das Werk öffentlich aufzuführen.

Der Urheber eines Schriftwerkes oder eines Vortrages hat, solange nicht das Werk erschienen ist, die ausschließliche Befugnis, das Werk öffentlich vorzutragen."

Untersuchen wir nun, in welchem Sinne der Begriff „Werk" jeweils vom Gesetzgeber verwendet worden ist, so gelangt man zu folgendem Ergebnis:

In Abs. 1 Satz 1 (hinsichtlich der „Vervielfältigung" — die „Verbreitung" bleibt einstweilen noch außer Ansatz), Abs. 1 Satz 2, Abs. 2 und Abs. 3 (in „das Werk öffentlich vorzutragen") verwendet das Gesetz den Ausdruck „Werk" im Sinne des Unkörperlichen; dagegen hat das Wort „Werk" in Abs. 3 (in „solange das Werk nicht erschienen ist") die Bedeutung des „Werk" in bezug auf das sinnlich wahrnehmbare Festlegungsexemplar[130]). Fraglich ist nur noch die Bedeutung des Begriffes „Werk" in Abs. 1 Satz 1 hinsichtlich der „Verbreitung des Werkes".

Die Ansicht Smoschewers[131]): „Es ist nicht wohl denkbar, daß dasselbe Wort, dessen Bedeutung für alles andere maßgebend ist, in einem und demselben Absatz (§ 11 Abs. 1) eine durchaus verschiedene Bedeutung haben sollte", versagt; denn daß in der Tat der Ausdruck „Werk" in e i n e m Absatz sehr wohl eine

---

[127]) JR. 1925, S. 462.

[128]) A. a. O. S. 32.

[129]) A. a. O. S. 25.

[130]) Ebenso Hoffmann, JR. 1925, S. 603, und Steinberg, a. a. O. S. 33; anders Smoschewer, JR. 1925, S. 462.

[131]) JR. 1925, S. 462.

verschiedenartige Bedeutung haben kann, zeigt uns mit Deutlichkeit § 11 Abs. 3[132]).

Auch Steinberg ist der Ansicht, daß das Wort „Werk“ sowohl bezüglich der „Vervielfältigung“, wie auch bezüglich der „Verbreitung“ im gleichen Sinne — nämlich dem des unkörperlichen, immateriellen Geistesgutes — zu verstehen sei. Das ergebe zunächst schon der Wortlaut des Gesetzes: „Der Urheber hat die ausschließliche Befugnis, das Werk zu vervielfältigen und zu verbreiten.“ Es sei nicht gut möglich, daß dieser vom Gesetzgeber nur einmal gebrauchte Ausdruck „Werk“ in demselben Satze zweierlei verschiedene Bedeutung haben könne[133]). Man könne auch nicht sagen, das „Verbreiten“ beziehe sich auf Werkexemplare, das „Vervielfältigen“ dagegen auf das Werk als Geistesgut, weil die Vervielfältigung begrifflich der Verbreitung vorangehe, gleichsam die Vorbereitung der Verbreitung darstelle; denn die Vervielfältigung und die Verbreitung seien — wie schon das Reichsgericht in einer älteren Entscheidung (RGSt. Bd. 39 Nr. 36 S. 111) dargelegt habe — zwei voneinander getrennte Befugnisse, die unabhängig voneinander bestünden und selbständig verletzt werden könnten.

Diese Beweisführung Steinbergs schlägt meines Erachtens nicht durch. Daß der Begriff „Werk“ sogar in einem einzigen Satz verschiedene Bedeutung haben kann, zeigt uns § 11 Abs. 3. In „solange das Werk nicht erschienen ist“ kann „Werk“ nur als sinnlich wahrnehmbares Festlegungsexemplar gemeint sein, da von einem „erschienenen“ unkörperlichen Geistesgut logischerweise wohl kaum die Rede sein kann; denn der Begriff des „Erscheinens“ setzt voraus, daß das Werk (als Sachgut) körperlich sichtbar fixiert und in einer Vielzahl hergestellt ist, die für die Allgemeinheit bestimmt ist (vgl. oben Anm. 66 und Hoffmann, LZ. 1920, S. 820). Anderseits kann „Werk“ in „das Werk öffentlich vorzutragen“ nur die Bedeutung des Werkes als immateriellen Gutes haben, da man ein gedrucktes Buch, worauf Smoschewer richtig hinweist[134]), nicht vortragen kann.

Steinberg erkennt an, daß der Gesetzgeber den Begriff „Werk“

---

[132]) Beistimmend Hoffmann, JR. 1925, S. 603, und Steinberg, a. a. O. S. 33, Anm. 57.

[133]) Steinberg, a. a. O. S. 32/33.

[134]) JR. 1925, S. 462.

in § 11 Abs. 3 tatsächlich in verschiedenem Sinne gebraucht hat. Daraus ergebe sich aber seiner Ansicht nach noch nicht, daß auch für § 11 Abs. 1 eine verschiedene Auslegung des Ausdruckes „Werk“ zuzulassen sei. „Denn sollte sich das „Verbreiten“ auf Festlegungsexemplare beziehen, hätte der Gesetzgeber das Wort „Werk“ zweimal gebraucht — auch verständlicherweise gebrauchen müssen — genau wie im Absatz 3 des § 11 L. U. G.“[135]). Diese Beweisführung Steinbergs krankt meines Erachtens an einer zu starren Buchstabeninterpretation, die nur selten zum Ziel führt. Es ist nicht einzusehen, warum der Gesetzgeber im Abs. 1 Satz 1 den Ausdruck „Werk“ unbedingt zweimal gebrauchen sollte. Das Verständnis der Gesetzesvorschrift wäre dadurch nicht gesteigert worden, erhellt doch aus der Vorgeschichte des Gesetzes und aus seiner Begründung unzweideutig der Wille des Gesetzgebers, dem Urheber die Befugnis zur Verbreitung seines Werkes in seiner körperlichen Festlegung zu gestatten[136]). Dazu kommt, daß durch den nach Steinberg erforderlichen doppelten Gebrauch des Ausdruckes „Werk“ eine unnötige Verunglimpfung unseres Sprach- und Stilgefühls (... „das Werk zu vervielfältigen und das Werk gewerbsmäßig zu verbreiten“) verursacht wäre, die im Hinblick auf den klaren Willen des Gesetzgebers zu vermeiden war.

Auch der Einwand Steinbergs, es handle sich bei den dem Urheber vorbehaltenen Befugnissen der „Vervielfältigung“ und der „Verbreitung“ um zwei getrennte Befugnisse, steht der hier vertretenen Ansicht nicht entgegen. Denn wenn gesagt wird, die Verbreitung setze begrifflich die Vervielfältigung voraus — diese sei gleichsam die Vorbereitungshandlung zu der nachfolgenden Verbreitung[137]) — so wird damit noch nicht in Frage gestellt, daß „Vervielfältigen“ und „Verbreiten“ zwei dem Urheber zustehende selbständige Befugnisse sind. Vielmehr schützt das Gesetz neben der Verbreitung als selbständig dem Urheber zustehendes Recht auch noch die Vervielfältigung, und zwar aus praktischen Gründen, weil „in diesem Stadium der Verbreitungshand-

---

[135]) A. a. O. S. 33; ebenso Knöpfke, a. a. O. S. 30.

[136]) Vgl. Riezler, a. a. O. S. 255.

[137]) So auch de Boor, a. a. O. S. 143, und Mann, a. a. O. S. 9; anders List, a. a. O. S. 68; vgl. auch von Hentig, a. a. O. S. 38, und die dort Anm. 2 angeführten Schriftsteller.

lung der Urheberrechtsschutz des Verfassers leichter durchzuführen ist als im Stadium der an verschiedenen Orten gleichzeitig sich vollziehenden Verbreitung“[138]). Der Urheber hat mithin erstens das Recht, sein „Werk“ (in seiner unkörperlichen Gestalt) zu vervielfältigen, und zweitens die Befugnis, diese (als Sachgut sinnlich wahrnehmbare) Vervielfältigung seines „Werkes“ zu verbreiten. In gleichem Sinne äußert sich Elster[139]): „§ 11 UG. meint nach dem Sprachgebrauch, wenn er ‚das Werk zu vervielfältigen und gewerbsmäßig zu verbreiten‘ sagt, selbstverständlich die Verbreitung in der vervielfältigten Gestalt — nicht etwa: a) das Geistesgut (Manuskript?) zu vervielfältigen und b) das unvervielfältigte Manuskript zu verbreiten.“ Diesen, auch in ihrer nachfolgenden Erläuterung durchaus überzeugenden Worten ist meines Erachtens nichts hinzuzufügen.

Man gelangt damit zum Ergebnis der vorstehenden Untersuchung: Gegenstand der „Verbreitung“ ist nicht „die unkörperliche Gestaltung, das Urbild des Werkes, wie es in dem Gehirn des Schöpfers sich darstellt, bevor es nach außen tritt“[140]); Gegenstand der „Verbreitung“ ist vielmehr das Werk in seiner körperlichen Erscheinung, das Werkexemplar[141]).

Es gilt nun weiter, den Begriff „Verbreitung“ klarzulegen. Da uns das Gesetz mit einer Begriffsbestimmung wieder im Stich läßt, die Auslegung vielmehr vom Gesetzgeber der Wissenschaft und Rechtsprechung überlassen ist, wird man, vom allgemeinen Sprachgebrauch des täglichen Lebens ausgehend, den Begriff zu entwickeln versuchen.

Unter der „Verbreitung“ eines Werkes versteht man gewöhnlich jede Art von Tätigkeit, durch die das Werk aus dem engen Kreise des Verfassers (oder auch des Druckers bzw. des Verlegers) herausgebracht und einem größeren Personenkreise zugänglich gemacht, an ihn weitergeleitet wird. In welcher Form diese Zugänglichmachung vorgenommen wird, ob durch Verkauf des fertigen Buches oder durch Vorlesen aus dem fertigen Manuskript oder auf noch andere Weise, ist ohne jeden Einfluß.

---

[138]) Hoffmann, JR. 1925, S. 604; übereinstimmend de Boor, a. a. O. S. 143 f., und Mann, a. a. O. S. 9.

[139]) GRUR. 1926, S. 372; ebenso Lion, BlfF. 1927, S. 3.

[140]) Smoschewer, JR. 1925, S. 462.

[141]) Gleicher Ansicht Hoffmann, JR. 1925, S. 604.

Wie sich aus dem Zusammenhang des § 11 LitUG. klar ergibt, hat sich das Gesetz diesem Sprachgebrauch des täglichen Lebens nicht angeschlossen. Wollte man nämlich den Begriff „Verbreiten“ in Abs. 1 Satz 1 im vorstehenden Sinne auffassen, so wären die Abs. 2 und 3 des § 11 — selbst unter den einschränkenden Voraussetzungen: Öffentlichkeit und Nichterschienensein (vgl. Allfeld, zu § 11 LitUG., Anm. 4) — vollkommen überflüssig, da dann das „Verbreiten“ des Abs. 1 Satz 1 das „öffentlich Aufführen“ und das „öffentlich Vortragen“ mitumfassen würde[142]).

Der Begriff „Verbreiten“ muß also anders ausgelegt werden; eine Handhabe bieten uns dafür die Materialien des Gesetzes. Es heißt nämlich in den Motiven des LitUG.[143]): „Als Verbreitung ist in Übereinstimmung mit dem Sprachgebrauch des bisherigen Gesetzes jede Überlassung eines Exemplares zu verstehen, nicht aber die bloße Mitteilung seines Inhaltes (das Vorlesen eines Schriftwerkes, das Vortragen eines Musikstückes).“ Diese Darlegungen der Motive decken sich vollkommen mit den obigen Ausführungen über den Gegenstand der Verbreitung, wo als Ergebnis festgehalten war: Gegenstand der Verbreitung ist das Werk in seiner körperlichen Erscheinung, das Werkexemplar. „Verbreiten“ kann also nur bedeuten: Zugänglichmachen von Werkexemplaren, und zwar an andere als die bei der Herstellung und Vervielfältigung des Werkes beteiligten Personen[144]).

Geht man von dieser Begriffsbestimmung aus, so kann die Wiedergabe eines Werkes durch den Rundfunk keine „Verbreitung“ im Sinne des § 11 Abs. 1 Satz 1 LitUG. sein[145]).

Dies Ergebnis kann nicht befriedigen, da es den Urheber gegenüber der funkmäßigen Wiedergabe seines Werkes schutzlos

---

[142]) Beistimmend: Pincus, a. a. O. S. 126; Riezler, a. a. O. S. 255, Anm. 2; Steinberg, a. a. O. S. 26. Anders von Grolman, a. a. O. S. 101.

[143]) Entwurf nebst Begründung des Gesetzes vom 19. Juni 1901, Reichstag, 10. Legislaturperiode, II. Session, Anlagenband I, Aktenstück Nr. 97, S. 296.

[144]) Ebenso die herrschende Lehre: vgl. Allfeld, zu § 11 LitUG., Anm. 4a; de Boor, a. a. O. S. 127; Daude, a. a. O. S. 33; Dernburg, a. a. O. S. 61; Elster, Gewerblicher Rechtsschutz, S. 130; von Grolman, a. a. O. S. 49; Holz, a. a. O. S. 9; Kuhlenbeck, a. a. O. S. 115; Lindemann, zu § 11 LitUG., Anm. 2; Osterrieth-Marwitz, zu § 15 KSchG. Anm. E. II. 1; Riezler, a. a. O. S. 256; RGZ. Bd. 107 Nr. 80 S. 281.

[145]) So in der Tat die oben Anm. 124 angeführten Schriftsteller.

läßt, geschweige denn, ihm einen Vorteil bringt. Aber „daß eine technische Errungenschaft, die Geisteswerken bisher ungeahnte Ausbreitungsmöglichkeiten eröffnet, den Schöpfern dieser Werke keinen Vorteil bringen soll, obwohl sie mit hoher Wahrscheinlichkeit die bisher den Schöpfern vorbehaltenen Ausnutzungsmöglichkeiten erheblich ihres Wertes berauben wird, widerspricht dem Rechtsgefühl und ist mit dem Leitsatz der Reichsverfassung Artikel 158, daß die geistige Arbeit Schutz und Fürsorge des Reiches genieße, schwer vereinbar“[146]).

Auch das Reichsgericht hat das den Schutz des Urhebers verneinende Ergebnis als rechtspolitisch untragbar empfunden und deswegen nach einem Ausweg gesucht, den es in Folgendem gefunden zu haben glaubt: Als das Urheberrechtsgesetz entstand, konnte man nicht vorausahnen, daß die Technik eine Möglichkeit schaffen würde, ein Werk durch einen einzigen technischen Vorgang in fast unbegrenzte Weiten auszusenden, so daß zu gleicher Zeit unzähligen Menschen Gelegenheit geboten werde, das Werk aufzunehmen. Man kannte vielmehr zur Zeit der Entstehung des LitUG. lediglich das Buch als Mitteilungsform eines Schriftwerkes; nur durch seine Weitergabe konnte das Werk einer Vielzahl von Menschen zugänglich gemacht werden. Ergebe sich jetzt infolge der Fortentwicklung der Technik, insbesondere der Funktechnik, eine neue Art der Verbreitung des Werkes, ein ganz neues Wirkungsfeld des geistigen Verkehrs[147]), so dürfe man nicht Bedenken tragen, die geltenden Gesetzesbestimmungen erweiternd auszulegen, zumal es der offen ersichtliche Zweck des Gesetzes sei, „dem Schöpfer eines Schriftwerkes dessen volle wirtschaftliche Ausbeute mit nur wenigen bestimmt geregelten Einschränkungen unverkürzt zukommen zu lassen“[148]).

Es sind also in erster Linie rechtspolitische Erwägungen, die das Reichsgericht in seinen Darlegungen leiten. Aber auch in rechtlicher Beziehung macht das Reichsgericht den Versuch, zu dem gewünschten Ziel zu gelangen: es dehnt — wie es früher Gierke[149]) schon getan hat — den Begriff „Verbreitung“ im Sinne des oben bereits geschilderten Sprachgebrauches des täglichen Lebens aus.

---

[146]) So beifallswert Opet, Gruch. 68 S. 482.
[147]) RGZ. Bd. 123 Nr. 71 S. 316.
[148]) RGZ. Bd. 113 Nr. 71 S. 418.
[149]) A. a. O. S. 803.

Diese Methode ist nicht ohne Bedenken. In der Tat hat denn auch die Begründung des Reichsgerichts in der Wissenschaft starken Widerspruch erfahren; vor allem hat Osterrieth die Darlegungen des Reichsgerichts (oder, richtiger gesagt, des Kammergerichts[150]), dessen Urteilsbegründung das Reichsgericht in allen Teilen ausdrücklich beigetreten ist) vom rechtssystematischen Standpunkt aus in entscheidenden Punkten angegriffen und zu entkräften gesucht[151]). Ob seinen Einwendungen im einzelnen zuzustimmen ist, wird die nachfolgende Untersuchung zeigen.

Osterrieth wendet sich in erster Linie dagegen, daß die Gerichte den althergebrachten Begriff „Verbreitung" des Urheberrechtsgesetzes unter Berufung auf den allgemeinen Sprachgebrauch anderer Gesetze erweiternd auslegen. Das Reichsgericht geht nämlich in seiner Begründung davon aus, daß schon ältere und jüngere Gesetze als das LitUG. das Wort „Verbreiten" in gleichem oder doch ähnlichem, der engen Begrenzung entbehrenden Sinne verwendeten. Es verweist auf die §§ 110, 111, 130 a Abs. 2 und § 184 Abs. 1 Nr. 1 StGB. hinsichtlich der Verbreitung von Schriften[152]), und auf die §§ 131, 186, 187, 190, 192 StGB. und § 824 BGB. hinsichtlich der Behauptung und Verbreitung von Tatsachen im Sinne der gewöhnlichen Mitteilung an andere[153]). Schaffe jetzt die Technik neue Möglichkeiten der Verbreitung, so müsse die Rechtsprechung die bisherige enge Auslegung des gesetzlichen Tatbestandes (das heißt die Beschränkung auf die Zugänglichmachung von Werkexemplaren) fallen lassen und unter Heranziehung des gewöhnlichen Sprachgebrauches anderer Gesetze den Begriff „Verbreiten" im LitUG. erweiternd auslegen. Die Auslegung des Gesetzes dürfe nicht starr und unbeweglich sein und sich an altgewohnte Begriffe festklammern, sondern müsse „dem jeweiligen Stande der Erkenntnis und der Bedürfnisse des Lebens"[154]) entsprechen und genügen. Demgemäß müsse auch § 11 Abs. 1 Satz 1 LitUG. erweiternd ausgelegt und die Wieder-

---

[150]) Zwischen diesen beiden Urteilen ist Osterrieth leider verstorben.

[151]) A. a. O. S. 266 ff.; kritisch ferner: Elster, Gewerblicher Rechtsschutz, S. 164; Hoffmann, GRUR. 1926, S. 373 ff.; Marwitz-Möhring, zu § 11 LitUG., Anm. 12; Neugebauer, Fernmelderecht, S. 823 ff.

[152]) Vgl. hierzu Ebermayer, zu § 110 StGB., Anm. 6a.

[153]) Vgl. hierzu Kommentar von Reichsgerichtsräten zu § 824 BGB., Anm. 2.

[154]) So KG. in GRUR. 1925, S. 283.

gabe eines Werkes durch den Rundfunk als „Verbreitung" im Sinne dieser Vorschrift angesehen werden.

Diese Beweisführung des Reichsgerichts erscheint bedenklich, denn hier wird nicht, wie beabsichtigt, eine Begriffserweiterung vorgenommen, sondern eine Vertauschung verschiedenartiger Begriffe. Die „Verbreitung" im Sinne der Mitteilung an andere und die „Verbreitung" im Sinne der Zugänglichmachung von Werkexemplaren verhalten sich nicht, wie das Reichsgericht annimmt, wie Oberbegriff und Unterbegriff, die man im Wege der Gesetzesauslegung im Verhältnis zueinander erweitern und einengen kann. Es handelt sich vielmehr um zwei rechtlich scharf zu trennende Begriffe, die vom Gesetzgeber (man möchte fast sagen unglücklicherweise) nur mit demselben Ausdruck bezeichnet worden sind: Das „Verbreiten" im Sinne der Mitteilung an andere ist der allgemeine Begriff; er umfaßt alle in § 11 LitUG. aufgezählten Befugnisse des Urhebers. Das „Verbreiten" im Sinne der Zugänglichmachung von Werkexemplaren ist dagegen der besondere Begriff, der streng exklusiv auszulegen und anzuwenden ist. „Diese beiden Mittel zu vertauschen, ist ein offenbarer logischer Fehler. Man kann unbedenklich den Sonderbegriff aus dem allgemeinen ableiten, da das Besondere im Allgemeinen enthalten ist. Das Umgekehrte ist aber logisch unzulässig. Eine solche Begriffsvertauschung kann auch nicht durch das Gebot erweiternder Gesetzesauslegung gerechtfertigt werden[155])". Der Versuch des Reichsgerichts, den Begriff „Verbreitung" dadurch erweiternd auszulegen, daß es den „Begriff des Vertriebes körperlicher Dauerformen eines Werkes" durch einen Begriff ersetzte, der „die vergängliche, nur einer einmaligen Sinneswahrnehmung zugängliche Verkörperung durch Aufführung oder Vortrag einschließt"[156]), ist daher abzulehnen.

Auch aus einem anderen Grunde muß diese Beweisführung des Reichsgerichts bedenklich erscheinen. Wollte man, wie es das Reichsgericht im vorliegenden Falle getan hat, bei jeder neu auftauchenden Verwertungsmöglichkeit eines Werkes den Versuch unternehmen, diese unter die gegebenen Tatbestände des Urheberrechtsgesetzes einzuordnen, so bedeutete das letzten Endes die Bejahung eines allgemeinen, umfassenden Urheberrechts, eines droit

---

155) So richtig Osterrieth, a. a. O. S. 267.

156) Osterrieth, a. a. O.

d'auteur im Sinne des französischen Rechtssystems[157]). Daß ein solches Recht aber für deutsche Verhältnisse abzulehnen ist, ist oben (vgl. S. 27 f.) eingehend dargelegt worden.

Bedenklich stimmen muß ferner der Umstand, daß das Reichsgericht zwar den althergebrachten Begriff „Verbreitung" als für die Rundfunkwiedergabe unbrauchbar und unanwendbar erklärt, daß es aber (bedauerlicherweise) vermeidet, an Stelle dieses alten Begriffes einen neuen zu schaffen. Aus dieser Unterlassung ergeben sich — bei logischer Durchdenkung der geschaffenen Rechtslage — nicht unerhebliche Verwirrungen. Es wird künftighin die Möglichkeit bestehen — da die Begriffe „Vervielfältigung" und „Verbreitung" nicht gegeneinander abgegrenzt sind —, die Verbreitung ohne Vervielfältigung ebenso wie die Verbreitung einer erlaubten Vervielfältigung als Verletzung des Urheberrechts anzusprechen[158]). Da fernerhin eine Abgrenzung der Begriffe „Verbreitung" und „Aufführung" fehlt, kann es in Zukunft dahingestellt bleiben, ob eine Handlung nur eine „Verbreitung" oder nur eine „Aufführung" oder sowohl eine „Verbreitung" als auch eine „Aufführung" sein kann[159]). Endlich muß eine folgerichtige Durchführung der Ansicht des Reichsgerichts dahin führen, daß der Vortrag eines bereits erschienenen Werkes ebenfalls unter die ausschließliche Befugnis des Urhebers zur „Verbreitung" seines Werkes fällt — ein Ergebnis, das sicherlich nicht in der Absicht des Gesetzgebers gelegen haben dürfte[160]).

Das Reichsgericht sagt schließlich noch in seiner Begründung: „Hätte man (sc. der Gesetzgeber) sich dergleichen technische Neuerung samt ihren tiefgreifenden Wirkungen vorzustellen vermocht, wäre man unbedenklich zu einer weiteren Fassung des Begriffes ‚Verbreiten' gekommen." Auch diese Ausführungen des Reichsgerichts dürften nicht ohne Bedenken sein; denn in ihnen wird dem Gesetzgeber ein Wille unterstellt, obwohl er an einen derartigen Tatbestand gar nicht gedacht haben kann[161]). Diese Art der Beweisführung ist besonders deshalb bedenklich, weil

---

[157]) Beistimmend Hoffmann, GRUR. 1926, S. 374 f.; abzulehnen Opet, Gruch. 68, S. 484, und KG. vom 19. Oktober 1931 (27. U. 5411.31).

[158]) Vgl. Elster, Gewerblicher Rechtsschutz, S. 164.

[159]) Hierüber s. Neugebauer, Fernmelderecht, S. 824.

[160]) Ebenso Marwitz-Möhring, zu § 11 LitUG. Anm. 12.

[161]) Vgl. auch Enneccerus, § 53, Anm. 19.

„über die Zweckmäßigkeit der Anerkennung einer Sendebefugnis die Meinungen weit auseinandergehen, so daß es als keinesfalls zweifelsfrei erscheint, ob der Gesetzgeber zur Zeit der Entscheidungen die Sendebefugnis in gleichem Umfange wie die Verbreitungsbefugnis dem Urheber zubilligen würde"[162]).

Die Entscheidung des Reichsgerichts ist hiernach hinsichtlich ihrer Begründung keineswegs überzeugend. Da indes — wie wohl nicht bestritten werden kann[163]) — das vom Reichsgericht erzielte Ergebnis in der Richtung des modernen Urheberrechts liegt (vgl. die bereits an anderer Stelle gestreifte Entwicklung des Urheberpersönlichkeitsrechts) und auch unserem Rechtsgefühl durchaus entspricht, so ist noch zu untersuchen, ob die vom Reichsgericht gewonnene Lösung vielleicht auf dem Wege analoger Anwendung der vorhandenen gesetzlichen Bestimmungen (§ 11 Abs. 1 Satz 1 LitUG.) gehalten werden kann.

Unter Analogie[164]) versteht man die sinngemäße Anwendung eines Rechtssatzes, den der Gesetzgeber für einen fest bestimmten und genau umrissenen Tatbestand aufgestellt hat, auf einen neuen Tatbestand, für den das Gesetz keine Vorschrift enthält, der aber mit dem gesetzlich bereits geregelten Tatbestand in den rechtlich bedeutsamen Punkten übereinstimmt. Diese analoge Anwendung des Gesetzes ist, wie das Reichsgericht in einer älteren Entscheidung einmal ausgesprochen hat, nur dann ausgeschlossen, „wenn den neuen Formen ein besonderer Grund anhaften sollte, welcher die Anwendung des sonst gleichen gesetzlichen Gedankens ausschlösse"[165]). Im vorliegenden Fall dürften zwar weder der Geist des Gesetzes noch sonstige rechtspolitische Erwägungen (allgemeine Grundsätze und Bestrebungen) gegen die Zulässigkeit der analogen, das heißt sinngemäßen Anwendung des § 11 Abs. 1 Satz 1 LitUG. auf die Wiedergabe eines Werkes durch den Rundfunk sprechen. Aber es kann auch durch die Analogie nicht überwunden werden, was bereits der direkten Anwendung des Begriffs

---

[162]) Marwitz-Möhring, zu § 11 LitUG., Anm. 12.

[163]) Beistimmend: Elster, Festgabe, S. 264; Hille, a. a. O. S. 20; Neugebauer, Fernmelderecht, S. 823.

[164]) Zu beachten ist, daß die Analogie streng geschieden werden muß von der bloß ausdehnenden Auslegung des Gesetzes. Näheres vergleiche bei Enneccerus, § 53, II, 2.

[165]) RGZ. Bd. 27 Nr. 15 S. 66.

der „Verbreitung" auf die Rundfunksendung entgegenstand: selbst wenn man den Begriff „Verbreitung" des § 11 Abs. 1 Satz 1 LitUG. nur analog auf die Rundfunkwiedergabe anwenden wollte, so wäre es doch nicht zu umgehen, daß Gegenstand dieser Verbreitung Werkexemplare sind, die bei der Wiedergabe durch den Rundfunk aber nicht geschaffen werden. Eine analoge Anwendung des § 11 Abs. 1 Satz 1 LitUG. kann daher ebenfalls nicht in Betracht kommen[166]).

Man gelangt damit zu folgendem Ergebnis der Untersuchungen über die urheberrechtliche Struktur der funkmäßigen Wiedergabe: Die funkmäßige Wiedergabe (und damit auch die bildfunkmäßige Wiedergabe) ist keine „Bearbeitung", kein „öffentlicher Vortrag", keine „Vervielfältigung", keine „gewerbsmäßige Verbreitung"[167]); sie ist vielmehr eine selbständige Befugnis, die gesetzlich bislang noch nicht festgelegt ist. Das geltende Urheberrechtsgesetz weist mithin eine Lücke auf, die — im Gegensatz zur Lücke der Auslegung — nur vom Gesetzgeber ausgefüllt werden kann.

Aus dieser Auffassung ergibt sich, im Widerspruch zu den Entscheidungen des Reichsgerichts, daß das Senden von Schriftwerken den Sendegesellschaften frei zusteht; in gleicher Weise können die Gesellschaften Bildübermittlungen ohne Genehmigung des Urhebers bzw. des Abgebildeten vornehmen; dieser ist gegenüber der funkmäßigen Wiedergabe seines Werkes schutzlos — ein unhaltbares Ergebnis.

Auch die im Mai 1928 in Rom zusammengetretene Konferenz zur Revision der Revidierten Berner Übereinkunft hat erkannt, daß der Urheber gegenüber der Wiedergabe seines Werkes durch den Rundfunk gesetzlich geschützt werden muß, und hat daher in Artikel 11 bis Abs. 1 bestimmt: „Les auteurs d'oeuvres littéraires et artistiques jouissent du droit exclusif d'autoriser la communication de leurs oeuvres au public par la radiodiffusion." Bei dieser Bestimmung ist bedeutsam, „daß die Konferenz das Recht des Autors und damit den Umfang des ihm insoweit zu-

---

[166]) Beistimmend Mann, a. a. O. S. 39.

[167]) Zum gleichen Ergebnis gelangen: Hille, a. a. O. S. 22; Knöpfke, a. a. O. S. 36; Marwitz-Möhring, zu § 11 LitUG., Anm. 37; Opet, Gruch. 68, S. 482.

stehenden Schutzes durch unmittelbare Konventionsnorm festgelegt hat“[168]); sie regelt jedoch nur den Schutz des Urhebers im zwischenstaatlichen Verkehr der Verbandsländer. Für den innerstaatlichen Rechtsverkehr hat die Romkonferenz in Artikel 11 bis Abs. 2 es der Landesgesetzgebung der einzelnen Verbandsländer überlassen, die Ausübungsbedingungen des dem Urheber in Abs. 1 des Artikels 11 bis ausschließlich vorbehaltenen Rechts zur funkmäßigen Wiedergabe seines Werkes zu regeln. Auf Grund dieser Bestimmung kann es nicht zweifelhaft sein, daß auch der deutsche Gesetzgeber die (von vielen Seiten bereits seit langem angestrebte) Regelung des Funkrechts in Angriff nehmen wird, und zwar im Sinne des Artikels 11 bis der Revidierten Berner Übereinkunft.

3. Gegenstand des Bildfunks

Will man das bisher gewonnene Ergebnis praktisch verwerten, so gelangt man zu der Feststellung, daß eine urheberrechtliche Untersuchung über den Gegenstand der Bildfunksendung eigentlich überflüssig ist, solange nicht eine gesetzliche Regelung des Funkrechts erfolgt ist. Bei der nachfolgenden Betrachtung über den Gegenstand der Bildfunksendung soll daher unterstellt werden, daß eine solche gesetzliche Regelung im Sinne der „communication au public par la radiodiffusion“ bereits erfolgt ist.

Gegenstand der Bildfunksendung ist — wie sich schon aus dem Namen ergibt — ein Bild, und zwar ein Bild jeder Art, nicht unbedingt ein Kunstschutzwerk[169]).

Bei der Darstellung über den Gegenstand des Bildfunks im einzelnen wird man zweckmäßig zu scheiden haben zwischen einem Bild, das den Schutz des Urheberrechts[170]) genießt, und einem solchen, das dieses Schutzes nicht teilhaftig ist. Wird nämlich ein Bild übertragen, das nach den Bestimmungen des LitUG.

---

[168]) Neugebauer, ArchFunk. 1928, S. 296; vgl. auch Neugebauer, Fernmelderecht, S. 854 ff.

[169]) So richtig Neugebauer, Fernmelderecht, S. 884, Anm. 109.

[170]) Neugebauer, a. a. O., weist mit Recht darauf hin, daß die bildfunkmäßige Übertragung eines Werkes, das unter Literaturschutz steht, dem LitUG. unterliegt, dagegen ein unter Kunstschutz stehendes Werk dem KSchG.

oder des KSchG. geschützt ist, so greift die „Sendung“[171]) dieses Bildes durch die Sendegesellschaft in die dem Urheber zustehende ausschließliche Befugnis, sein Werk funkmäßig zu senden, ein. Ist Gegenstand der Sendung dagegen ein Bild, das nicht den Schutz des Urheberrechts genießt, so ist die Sendegesellschaft berechtigt, die Sendung frei vorzunehmen, ohne die Rechte anderer Personen beobachten zu müssen.

a) Es seien zunächst diejenigen Objekte der Bildfunksendung betrachtet, an denen nach den bestehenden Gesetzen ein Urheberrecht besteht: die durch das KSchG. geschützten Kunstwerke (§§ 1 und 2 des Gesetzes), Photographien allgemeinen Inhalts[172]) (§§ 1 und 3 KSchG.), Bühnenbilder, der Inhalt von Zeitungen und Zeitschriften (§ 18 LitUG.), Land- und Wetterkarten und Autogramme.

aa) Ist Gegenstand der Bildfunksendung ein gemäß § 1 KSchG. geschütztes Werk der bildenden Künste oder ein nach § 2 Abs. 1 KSchG. zu den Werken der bildenden Künste gehörendes Erzeugnis des Kunstgewerbes oder ein Bauwerk, das einen künstlerischen Zweck verfolgt, einschließlich der Entwürfe für Erzeugnisse des Kunstgewerbes sowie für Bauwerke (§ 2 Abs. 2 KSchG.), so bestehen — solange die für diese Kunstwerke gesetz-

---

[171]) Es sei an dieser Stelle ausdrücklich darauf hingewiesen, daß unter der „Sendung“ eines Gegenstandes durch den Bildfunk im Folgenden stets zu verstehen ist: die zunächst vorzunehmende photographische Aufnahme oder Umzeichnung des zu übertragenden Gegenstandes (die sich gleichsam als Vorbereitungshandlung zu der nachfolgenden funktechnischen Übertragung darstellt) **und** die alsdann erfolgende eigentliche funkmäßige Wiedergabe dieser hergestellten Photographie oder Zeichnung unter Zuhilfenahme der Hertzschen Wellen. Denn es ist zu beachten, daß ohne vorhergehende photographische oder zeichnerische Festlegung des bildfunkmäßig zu übertragenden Gegenstandes eine Bildfunksendung — anders ist es beim Fernsehen! — im allgemeinen nicht möglich ist. Es ist in dieser Beziehung auch Elster (Ufita 1929, S. 273, und ArchFunk. 1929, S. 507) zuzustimmen, wenn er sagt, daß es sich bei der Übertragung eines Bildes nicht um die Übertragung des Bildes selbst handle, sondern vielmehr stets um eine Verbreitung „einer Vervielfachung des Bildes“. — Ist bereits eine Photographie Gegenstand der Übertragung (vgl. unten zu a. bb), dann bedarf es natürlich, falls die Abmessungen stimmen, einer besonderen photographischen Aufnahme des zu übertragenden Gegenstandes nicht mehr.

[172]) Über Bildnisse von Personen als Gegenstand der Bildfunksendung vgl. unten C. I. 4.

lich vorgesehene dreißigjährige Schutzfrist (§ 25 KSchG.) läuft — urheberrechtlich keinerlei Schwierigkeiten. Die Befugnis, das Werk bildfunkmäßig wiederzugeben, steht allein dem Urheber des Werkes zu. Eine ohne seine Genehmigung durch die Sendegesellschaft vorgenommene Bildübertragung stellt sich als verbotener Eingriff in die Rechte des Urhebers dar.

bb) Ebenso ergeben sich keine Schwierigkeiten, wenn ein Werk der Photographie allgemeinen Inhalts (keine Photographie von Personen) oder ein durch ein der Photographie ähnliches Verfahren (§ 3 KSchG.) hergestelltes Werk bildfunkmäßig wiedergegeben wird. Ist die nach § 26 KSchG. für Werke der Photographie vorgeschriebene zehnjährige Schutzfrist noch nicht abgelaufen, so steht das Recht zur Bildfunksendung ausschließlich dem Urheber eines solchen Werkes zu.

Besonderheiten ergeben sich vom urheberrechtlichen Standpunkt aus erst für den Fall, daß eine Photographie bildfunkmäßig übertragen wird, die die Sendegesellschaft eigens zum Zwecke der funkmäßigen Wiedergabe hat herstellen lassen[173]).

Man muß bei der Untersuchung dieser Frage davon ausgehen, daß ein Urheberrecht grundsätzlich nur für den Urheber selbst entsteht, das heißt für denjenigen, „dessen geistig schaffender Tätigkeit das Werk seine Entstehung und Schutzberechtigung verdankt"[174]). Demgemäß steht es außer Zweifel, daß der Hersteller der Photographie, der die Bestellung der Sendegesellschaft entgegengenommen und ausgeführt hat[175]), für sich ein Urheberrecht an dieser von ihm hergestellten Photographie erwirbt. Fraglich und daher im Folgenden zu prüfen ist aber die Frage, ob auch die Sendegesellschaft als Besteller der Photographie ein Urheberrecht an dieser Photographie erwirbt, sei es unmittelbar (originär durch Stellvertretung) oder auf dem Wege stillschweigender Übertragung des Urheberrechts (als abgeleitetes Urheberrecht).

---

[173]) Vgl. Hoffmann, ArchFunk. 1929, S. 178.

[174]) Daude, a. a. O. S. 13. Das LitUG. sagt in § 2 lediglich: „Urheber eines Werkes ist dessen Verfasser", ohne eine genauere Definition des Begriffes zu geben; das KSchG. setzt ihn als bekannt voraus.

[175]) Ausgeschaltet bleiben soll dabei der besondere Fall, daß es sich um eine photographische Anstalt handelt, deren Angestellter die von der Sendegesellschaft bestellte Photographie hergestellt hat.

Da das LitUG. im § 2 unter dem Urheber eines Werkes grundsätzlich nur dessen Verfasser versteht (Gleiches muß mangels ausdrücklicher Regelung auch für das KSchG. gelten), so bringt es damit zum Ausdruck, daß ein Urheberrecht an dem geschaffenen Werk nur demjenigen zustehen soll, der seine literarischen und künstlerischen Gedanken als individuelle Schöpfung selbst sichtbar zum Ausdruck gebracht hat. Urheberrecht wird mithin nur durch eigenschöpferische Tätigkeit erworben. Mit dieser Auffassung ist es unvereinbar, dem Besteller[176]) des Werkes als solchem an dem Urheberrecht des „Verfassers" einen Anteil zuzusprechen[177]).

Auch auf dem Umwege über die direkte Stellvertretung läßt sich ein originäres Urheberrecht des Bestellers nicht begründen. Zwar dürfte es unbestritten sein, daß der Begriff der Stellvertretung des Bürgerlichen Gesetzbuches, wie auf anderen Rechtsgebieten, so auch auf dem Gebiet des Urheberrechts im allgemeinen Anwendung finden kann. Aber die herrschende Meinung in der Rechtslehre hält es mit Recht für unzulässig, auch eine direkte Stellvertretung im Erwerb des Urheberrechts anzuerkennen[178]). „Schaffen ist kein Rechtsakt, das Urheberrecht entsteht in dem Augenblick, in dem das Werk geschaffen ist, ohne Rücksicht auf den Willen des Schöpfers; dies Recht ist ein vom Staat durch zwingende Vorschriften verliehenes; durch Vereinbarung kann dies nicht geändert werden"[179]).

Endlich erwirbt der Besteller auch dann kein ursprüngliches Urheberrecht, wenn seine Bestellung in Form eines Auftrages (etwa an einen Beamten, Angestellten oder Arbeiter) erfolgt oder die Schaffung des Werkes im Rahmen eines solchen Angestelltenverhältnisses erfolgt. Ein echtes Stellvertretungsverhältnis besteht

---

[176]) Besteller ist „derjenige, der dem Künstler den Auftrag gibt, das Werk zu schaffen, mit der Verpflichtung, ihm das ausgeführte Werk zu überlassen" (Osterrieth-Marwitz, zu § 18 KSchG., Anm. II, 4a).

[177]) Ebenso: Allfeld, zu § 2 LitUG., Anm. 2; de Boor, a. a. O. S. 382; Marwitz-Möhring, zu § 2 LitUG., Anm. 2; Osterrieth-Marwitz, zu § 1 KSchG., Anm. D. II; Riezler, a. a. O. S. 41; RGSt. Bd. 15 Nr. 123 S. 406; RGZ. Bd. 82 Nr. 72 S. 335; RG. Recht 1910, Nr. 3859.

[178]) Allfeld, zu § 2 LitUG., Anm. 2; ders., zu § 1 KSchG., Anm. 12; de Boor, a. a. O. S. 382; Marwitz-Möhring, zu § 2 LitUG., Anm. 2; Riezler, a. a. O. S. 42. Anderer Ansicht Kohler, Urheberrecht, S. 228.

[179]) Marwitz-Möhring, a. a. O.; ebenso Lilia, a. a. O. S. 53.

in allen diesen Fällen nicht; der Besteller erwirbt originär kein Urheberrecht.

Eine andere Frage (vor allem eine solche der Auslegung) ist es, ob der Besteller auf Grund des zugrunde liegenden Vertragsverhältnisses (zumeist Dienst- oder Werkvertrages) das in der Person des Beauftragten originär entstehende Urheberrecht auf dem Wege der Übertragung erwerben kann. Eine derartige Übertragung wird in den meisten Fällen anzunehmen sein, und zwar, da weder das Urheberrechtsgesetz (§ 8 LitUG.) noch andere Gesetze eine besondere Form der Übertragung vorschreiben, auch auf dem Wege stillschweigender Willensübereinkunft der Beteiligten[180]). Der Besteller erwirbt jedoch — was nicht übersehen werden darf — kein ursprüngliches, sondern ein abgeleitetes Urheberrecht[181]), [182]).

Auf Grund der vorstehenden Darlegungen gelangt man zu dem Ergebnis, daß die Sendegesellschaft an der von ihr bestellten Photographie lediglich ein abgeleitetes Urheberrecht erwirbt[183]). Erst nach einer im obigen Sinne erfolgten Übertragung des Urheberrechts kann sie ein solches Werk der Photographie bildfunkmäßig frei übertragen, ohne ein Urheberrecht des Photographen einhalten zu müssen.

cc) Ebenso große Bedeutung wie der Übermittlung von Werken der bildenden Künste und von Photographien allgemeinen Inhalts kann für die praktische Handhabung des Bildfunks der Übertragung von Bühnenbildern zukommen, da sich auf diese

---

[180]) Ebenso: Allfeld, zu § 2 LitUG., Anm. 2; Elster, Gewerblicher Rechtsschutz, S. 110; Fuld, zu § 10 KSchG., Anm. III; Marwitz-Möhring, zu § 8 LitUG., Anm. 16; Riezler, a. a. O. S. 42; RGSt. Bd. 15 Nr. 123 S. 405; RGZ. Bd. 34 Nr. 24 S. 106; RGSt. Bd. 48 Nr. 100 S. 332.

[181]) Riezler, a. a. O. S. 42.

[182]) Trotz der Übertragung des Urheberrechts büßt der Photograph nach heutiger Lehre nichts von seinem Persönlichkeitsrecht an der Photographie ein. Vgl. Elster, Gewerblicher Rechtsschutz, S. 110, und RGZ. Bd. 123 Nr. 71 S. 320.

[183]) Ob übrigens der Photograph auf Grund des mit der Sendegesellschaft abgeschlossenen Vertrages verpflichtet ist, auf diese sein Urheberrecht zu übertragen, kann nur von Fall zu Fall entschieden werden; es wird sich dies aus den Umständen (künstlerischer Wert der herzustellenden Photographie, Art des Vertragsverhältnisses zwischen Sendegesellschaft und Photograph) ergeben.

Weise ermöglichen läßt, dem Rundfunkteilnehmer Theater- bzw. Opernübertragungen nicht nur akustisch, sondern in gewissem Umfange — nämlich durch Übertragung des Bühnenbildes[184]) — auch optisch zu übermitteln.

Es tritt hierbei nun die urheberrechtlich bedeutsame Frage auf, ob durch eine solche Übertragung irgendwelche an dem Bühnenbild bestehende Urheberrechte verletzt werden[185]).

Unbestritten dürfte sein, daß ein Urheberrecht des Verfassers des Bühnenwerkes durch die Bildfunksendung nicht verletzt wird; denn es wird ja nicht das Bühnenwerk als solches bildfunkmäßig wiedergegeben, sondern es kommt lediglich „eine Wiedergabe der sinnfälligen Erscheinungsform seines Werkes auf gerade dieser Bühne"[186]) in Betracht.

Schwieriger ist die Frage zu beantworten, ob durch die Bildübermittlung ein Urheberrecht des Regisseurs oder eines sonstigen Gestalters des Bühnenbildes verletzt wird. Es handelt sich hier — wie Elster[187]) zutreffend hervorhebt — in der Hauptsache um diese beiden Fragen: Besteht überhaupt ein Urheberrecht des Regisseurs[188])? Und wem steht nach Angestelltenrecht dies Urheberrecht zu: dem Regisseur als dem geistigen Schöpfer des Bühnenbildes oder der Theaterleitung, in deren Diensten der Regisseur steht?

Will man die Tätigkeit des Regisseurs und ihren urheber-

---

[184]) Es sei an dieser Stelle darauf hingewiesen, daß Gegenstand der Bildfunksendung lediglich ein einzelnes (feststehendes) Bühnenbild ist. Die bildliche funkmäßige Wiedergabe des ganzen Bühnenwerkes fällt nicht in den Bereich des Bildfunks, sondern des Fernsehens (übereinstimmend Hoffmann, ArchFunk. 1929, S. 178, der allerdings zu Unrecht den Ausdruck „Fernkino" verwendet).

[185]) Es bleibt in diesem Zusammenhang unerörtert, daß bei der Übertragung eines Bühnenbildes auch Sänger und Schauspieler bildfunkmäßig mitübertragen werden können; über die Frage, ob die betreffenden Künstler auf Grund ihres Rechts am eigenen Bilde irgendwelche Ansprüche gegen diese Übertragung ihres Konterfeis geltend machen können, vgl. unten zu C. I. 4).

[186]) So Hoffmann, ArchFunk. 1929, S. 177.

[187]) Ufita 1929, S. 276.

[188]) Vgl. hierzu insbesondere die Abhandlungen von Koch, Das Urheberrecht des Bühnenregisseurs; Lilia, Urheberrechte an der Regie; Lyon, Das Recht des Bühnenregisseurs; ferner Elster in Dienstag-Elster, S. 73 ff.

rechtlichen Schutz rechtlich würdigen, dann muß man sich zunächst einmal kurz vor Augen führen, worin seine Tätigkeit im Theaterbetrieb besteht, das heißt welcher Art sein Aufgabenkreis ist: Er leitet die Darstellung des Bühnenwerkes, und zwar nicht nur in Hinsicht auf die sinnlich wahrnehmbare Einrichtung und Ausstattung des äußeren Rahmens der Aufführung; auch „die lebendige Gestaltung des gesamten Bühnenbildes"[189]) gehört zu seinen Aufgaben. Es erheben sich somit folgende Fragen: Ist dem Regisseur für die Ergebnisse dieser Tätigkeit[190]), die von ihm geschaffenen Bühnenbilder, Ausstattungsgegenstände, Dekorationen usw., ein Urheberrecht zuzusprechen? Handelt es sich bei dieser Regieleistung[191]) um eine selbständige, individuelle geistige Schöpfung, die des Urheberrechtsschutzes fähig und bedürftig ist?

Man wird diese Frage meines Erachtens allgemein nicht beantworten können, sondern muß sich darauf beschränken, einige Grundsätze aufzustellen, nach denen im einzelnen Fall zu entscheiden ist. Man darf nicht fragen, ob „dem" Regisseur als solchem (oder mit Elster: „dem" Regisseur als Berufskategorie) ein Urheberrecht zuzubilligen ist, sondern muß es darauf abstellen, „ob im gegebenen Falle der Regisseur eine eigenschöpferische Zusatzleistung zu dem Schriftwerk vollbracht hat"[192]). Besteht die Tätigkeit des Regisseurs lediglich in einer Verwirklichung der Absichten des Dichters, die dieser in seinen Bühnenanmerkungen ausführlich festgelegt hat, dann fehlt zweifellos dem Wirken des Regisseurs das schöpferische Moment: ein Urheberrecht kann dem Regisseur für diese Art von Tätigkeit, selbst wenn sie künstlerisch noch so vollendet wäre, nicht zugebilligt werden; er ist insofern auch — aber nur in dieser Beziehung! —

---

[189]) Lilia, a. a. O. S. 11; vgl. hierzu auch Opet, JW. 1924, S. 1719.

[190]) Zu beachten ist, daß es sich hier lediglich um die Regieleistung als solche handelt, nicht um etwaige Urheberrechte an dem Regiebuch!

[191]) Ohne Bedeutung für die vorliegende Entscheidung ist die Unterscheidung zwischen Text- und Rahmenregie.

[192]) So richtig Elster, Ufita 1929, S. 276, Gewerblicher Rechtsschutz, S. 148, und in Dienstag-Elster, S. 73. Man vermeidet auf diese Weise unbefriedigende Lösungen, wie sie beispielsweise das Reichsgericht (Bd. 107 Nr. 21 S. 64) ausgesprochen hat, das den Regisseur generell als „Gehilfen des Dichters" bezeichnet hat (vgl. auch Anm. 193).

als „Erfüllungsgehilfe des Dichters“[193]) anzusehen. Anders muß dagegen die Entscheidung lauten, wenn sich die Tätigkeit des Regisseurs nicht in einer bloßen Ausführung der Absichten des Dichters erschöpft, er vielmehr auf Grund eigenen geistigen Schaffens ein Bühnenbild hervorgebracht hat[194]). In diesem Falle ist meines Erachtens unbedenklich ein Urheberrecht des Regisseurs an dem Bühnenbild[195]) zu bejahen, da er etwas geistig völlig Neues geschaffen hat, eine selbständige und eigenschöpferische Bearbeitung des Bühnenwerkes[196]), [197]).

Es fragt sich jedoch, ob das Urheberrecht an diesem Bühnenbild dem Regisseur als seinem geistigen Schöpfer selbst zusteht oder aber der Theaterleitung, in deren Diensten der Regisseur steht. Unbestritten dürfte sein, daß das Urheberrecht an dem Bühnenbild zunächst in der Person des Regisseurs auf Grund seiner geistig schöpferischen Tätigkeit entsteht[198]). Anderseits aber bestehen zwischen ihm und dem Theater vertragliche Beziehungen — in der Regel dürfte es sich um einen Dienstvertrag im

[193]) Als „Urhebergehilfen“ bezeichnet das Reichsgericht (RGZ. Bd. 108 Nr. 16 S. 64) denjenigen, „der sich auf die Ausführung fremder Gedanken beschränkt, die Geistesarbeit eines anderen unterstützt und eigene schöpferische Tätigkeit nicht entwickelt“.

[194]) Ob der Regisseur zu seiner Schöpfung von anderer Seite (zum Beispiel durch kleinere Hinweise des Dichters) eine erste Anregung erhalten hat, ist gleichgültig, denn die selbständige Ausgestaltung dieser bloßen Idee hat der Regisseur geschaffen; seine selbständige schöpferische Tätigkeit hat bei diesen kleinen Hinweisen eingesetzt (vgl. auch von Hentig, a. a. O. S. 31).

[195]) Es darf bei diesem Urheberrecht am Bühnenbild jedoch nicht übersehen werden, daß es in gewisser Hinsicht gebunden ist durch das primäre Urheberrecht des Dichters (vgl. Elster, Gewerblicher Rechtsschutz, S. 148; Koch, a. a. O. S. 41 ff.).

[196]) Gegen ein Urheberrecht des Regisseurs die wohl herrschende Meinung; vgl. Goldbaum, Urheberrecht, S. 20; Marwitz-Möhring, zu § 9 LitUG., Anm. 10; Osterrieth-Marwitz, zu § 1 KSchG., Anm. B. II. 3; RG. in LZ. 1907, S. 503.

[197]) Für den speziellen Fall der bildfunkmäßigen Wiedergabe des Bühnenbildes ist dies um so mehr anzunehmen, als es sich hier gerade um die technisch allein erfaßbare bildhafte Leistung des Regisseurs handelt, bei der meist eine wirkliche Eigenschöpfung vorhanden ist (ebenso Elster, ArchFunk. 1929, S. 508).

[198]) Beistimmend: RGZ. Bd. 110 Nr. 85 S. 395; Elster in Elster-Dienstag, S. 83; Koch, a. a. O. S. 82; Lilia, a. a. O. S. 56; Lyon, a. a. O. S. 29.

Sinne der §§ 611 ff. BGB. handeln —, auf Grund deren der Regisseur verpflichtet ist, die seinem Posten im Theaterbetriebe obliegenden Arbeiten (wozu auch die Vornahme von Inszenierungen und die Schaffung von Bühnenbildern gehören) zu erledigen. Aus der Natur dieses Vertragsverhältnisses zwischen Regisseur und Theater ergibt sich meines Erachtens zwingend, daß alles, was der Regisseur im Rahmen seines geistigen und künstlerischen Schaffens für das Theater zum Entstehen gebracht hat, auch dem Theater gehören muß. Es kann nicht zugegeben werden, daß der Regisseur, der seine Kräfte ausschließlich dem Theater zur Verfügung gestellt hat, durch geistig schöpferische Tätigkeit innerhalb des Angestelltenverhältnisses Urheberrechte für sich zur Entstehung bringt und diese für sich geltend machen kann, ohne daß dem Theaterunternehmen rechtliche Vorteile daraus erwachsen. Für die rechtliche Begründung dieses rechtspolitisch anzustrebenden Ergebnisses gelten die gleichen Erwägungen wie oben zu bb): Von einem durch die Tätigkeit des Regisseurs originär für die Theaterleitung entstehenden Urheberrecht an der Regieleistung kann ebensowenig die Rede sein[199]) wie von einem unmittelbaren Erwerb des Urheberrechts durch direkte Stellvertretung[200]). Vielmehr erwirbt die Theaterleitung das originär in der Person des Regisseurs entstehende Urheberrecht am Bühnenbild (durch abgeleiteten Erwerb) auf dem Wege stillschweigender Übertragung[201]).

Man gelangt damit zu folgendem Ergebnis für die Übertragung eines derartigen Bühnenbildes: Will die Sendegesellschaft ein Bühnenbild bildfunkmäßig übertragen, so bedarf sie zu dieser Bildfunksendung der Genehmigung der Theaterleitung als der Trägerin des Urheberrechts an diesem Bühnenbilde. Eine ohne diese Genehmigung vorgenommene Übertragung stellt sich als unerlaubter Eingriff in das der Theaterleitung zustehende Urheberrecht am Bühnenbilde dar[202]).

dd) Gegenstand einer Bildfunksendung können fernerhin

---

[199]) Ebenso Koch, a. a. O. S. 76.

[200]) Gleicher Ansicht: Koch, a. a. O. S. 77; Lilia, a. a. O. S. 55.

[201]) Übereinstimmend: Elster in Dienstag-Elster, S. 83; Koch, a. a. O. S. 78, 82; unklar Lilia, a. a. O. S. 60.

[202]) Sollten — was allerdings durchaus als Ausnahmefall anzusehen ist — Kulissen und Soffitten von einem bedeutenden Künstler geschaffen

Tagesneuigkeiten und vermischte Nachrichten tatsächlichen Inhalts (§ 18 Abs. 3 LitUG.) sein[203]), sei es, daß sie in Zeitungen oder Zeitschriften abgedruckt, sei es, daß sie von einem Nachrichtenbüro mitgeteilt sind. Es entsteht die Frage, ob die Sendegesellschaften solche Nachrichten bildfunkmäßig frei übertragen dürfen, oder ob bestehende Urheberrechte dem hindernd entgegenstehen.

Gemäß § 18 Abs. 3 LitUG. dürfen vermischte Nachrichten tatsächlichen Inhalts und Tagesneuigkeiten aus Zeitungen oder Zeitschriften stets abgedruckt werden. Der Zusammenhang des Gesetzes läßt erkennen, daß dieser Abdruck aus Zeitungen wiederum nur in „Zeitungen" gestattet ist (vgl. § 18 Abs. 1)[204]).

Es ergeben sich nun für die folgende Darstellung Schwierigkeiten daraus, daß einmal ein „Abdruck" der Nachrichten vorliegen soll und ferner, daß dieser Abdruck „in andern Zeitungen" stattfinden soll. Es sind also die Fragen zu prüfen, ob die Wiedergabe von Nachrichten durch den Bildfunk als ein „Abdruck" dieser Nachrichten angesehen werden kann, und ob Nachrichten, deren Weiterverbreitung durch „Zeitungen" erlaubt ist, auch für die funkmäßige Wiedergabe frei sind.

Will man streng nach dem Gesetzes w o r t l a u t entscheiden, dann gelangt man zu dem Ergebnis, daß die funkmäßige Wiedergabe von Nachrichten durch das LitUG. (und ebenso durch die Berner Übereinkunft, vgl. Artikel 9 Abs. 3) nicht geregelt und daher nicht erlaubt ist. Es fragt sich aber, ob dies Ergebnis dem S i n n e des Gesetzes entspricht.

Als das Urheberrechtsgesetz geschaffen wurde, kannte man als einziges Mittel der Verbreitung der neuesten Nachrichten — abgesehen von deren mündlicher Übermittlung — die Bekannt-

---

sein (erinnert sei an Max Liebermanns Dekorationen zu den Lauchstädter Aufführungen von Gerhard Hauptmanns „Gabriel Schillings Flucht"), dann besteht zweifellos neben dem Urheberrecht der Theaterleitung an dem Bühnenbilde auch ein Urheberrecht des betreffenden Künstlers an den von ihm geschaffenen Dekorationen als an einem Werk der malenden Kunst (vgl. Hoffmann, ArchFunk. 1929, S. 177).

[203]) Es ist dies von großer Bedeutung für die rasche Übermittlung der neuesten Nachrichten in größerem Umfang, z. B. großer Teile aus einer Zeitung an Dampfer auf hoher See.

[204]) Übereinstimmend Allfeld, zu § 18 LitUG., Anm. 9; anders Marwitz-Möhring, zu § 18 LitUG., Anm. 6.

machung durch die Zeitung; der Gesetzgeber glaubte deshalb, den Verhältnissen genügend Rechnung zu tragen, wenn er den Abdruck dieser Nachrichten „in anderen Zeitungen“ erlaubte. Durch die Entwicklung der Technik und die Einführung des Rundfunks, der keine räumlichen Grenzen kennt und sich als Nachrichtenmittel der Zeitung ebenbürtig an die Seite gestellt hat, ist die Regelung im Gesetz überholt. Man darf daher nicht zögern, die geltenden Gesetzesbestimmungen erweiternd auszulegen und die Vorschriften des § 18 Abs. 3 LitUG. (Weiterverbreitung durch „Zeitungen“) auch auf die Wiedergabe der neuesten Nachrichten durch den Rundfunk (allgemein gesprochen) anzuwenden[205]).

Schwierigkeiten ergeben sich dagegen hinsichtlich der Frage, ob man die Wiedergabe der Nachrichten durch den Bildfunk als einen „Abdruck“ im Sinne des Gesetzes ansehen kann. Neugebauer steht in der Tat auf diesem Standpunkt: „Bildtelegraphische Übertragung von Tagesneuigkeiten und vermischten Nachrichten tatsächlichen Inhalts, die in Zeitungen und Zeitschriften abgedruckt sind, würde ein unter § 18 Abs. 3 LitUG. fallender, mithin urheberrechtlich freier Abdruck, und deshalb stets zulässig sein“[206]). Leider läßt Neugebauer jegliche Begründung seiner Ansicht vermissen. Man wird jedoch nicht fehlgehen in der Annahme, daß er die vorliegende Frage, entsprechend seiner Ansicht über die urheberrechtlich verschiedene Behandlung von Rundfunk und Bildfunk, vom Standpunkt des Empfängers der Bildfunksendung aus betrachtet und das Moment des „Abdrucks“ demgemäß in dem Vervielfältigungsexemplar im Empfangsgerät des Teilnehmers sieht. Diese Ansicht Neugebauers ist jedoch bereits oben (vgl. S. 45 f.) mit Gründen abgelehnt worden, die auch an dieser Stelle Geltung haben müssen. Immerhin: dem von Neugebauer erzielten E r g e b n i s ist aus rechtspolitischen Erwägungen zuzustimmen; es gelten hier dieselben Erwägungen wie bei dem Abdruck aus Zeitungen in anderen „Zeitungen“: Man muß — wie Elster[207]) mit Recht hervorhebt — bei der Prü-

---

[205]) Anderer Ansicht Goldbaum, Urheberrecht, S. 178, und Neugebauer, Fernmelderecht, S. 837. Gleicher Ansicht wie hier anscheinend Marwitz-Möhring, zu § 26 LitUG., Anm. 2 (S. 214). Vgl. auch RGZ. Bd. 128 Nr. 52 S. 341 und Elster, ArchFunk. 1930, S. 339 ff.

[206]) Neugebauer, Fernmelderecht, S. 837.

[207]) ArchFunk. 1929, S. 508.

fung der Frage der funkmäßigen Wiedergabe von Tagesnachrichten im ganzen liberaler urteilen und demgemäß ihre Verbreitung, ohne Beschränkung auf das Mittel der Verbreitung, allgemein freigeben.

Neugebauer[208]) will weiterhin eine unterschiedliche Behandlung befürworten bei Nachrichten, die in Zeitungen und Zeitschriften abgedruckt sind, und solchen, die durch Nachrichtenbüros verbreitet werden. Eine bildfunkmäßige Übermittlung derartiger Nachrichten sei nicht durch § 18 Abs. 3 LitUG. erlaubt, vielmehr „ohne Genehmigung des Nachrichtenbüros, das die Mitteilung gesandt hat, unzulässig"[208]). Zu einer solchen verschiedenartigen rechtlichen Behandlung liegt meines Erachtens kein Anlaß vor, denn die von diesen Nachrichtenbüros herausgegebenen sogenannten Korrespondenzen[209]), die sich rechtlich weder als Zeitungen noch als Zeitschriften[210]) darstellen[211]), genießen sowohl nach geltendem nationalen wie internationalen Urheberrecht (vgl. § 18 Abs. 3 LitUG. und Artikel 9 Abs. 3 der Berner Übereinkunft) regelmäßig keinen Schutz[212]). Nur in dem Falle, daß die Nachricht zu einem schöpferischen Geisteswerk mit literarischem Charakter (einer Ausarbeitung wissenschaftlichen oder unterhaltenden Inhalts) umgebildet ist, kann ihr der Schutz des LitUG. zugebilligt werden[213]). Die Wieder-

---

[208]) Fernmelderecht, S. 837.

[209]) Korrespondenzen (vgl. § 13 RPrG.) sind „für Zeitungen oder Zeitschriften bestimmte Manuskripte, die durch Druck oder ein anderes mechanisches Verfahren vervielfältigt und einer größeren Zahl von Blättern auf Grund besonderer Vereinbarungen gleichzeitig zur Verfügung gestellt werden" (Allfeld, zu § 18 LitUG., Anm. 8).

[210]) Über den Unterschied zwischen diesen beiden Begriffen vgl. vor allem Marwitz-Möhring, zu § 18 LitUG., Anm. 3.

[211]) Ebenso Allfeld, zu § 18 LitUG., Anm. 8; Elster, Gewerblicher Rechtsschutz, S. 171; Marwitz-Möhring, zu § 18 LitUG., Anm. 3; Riezler, a. a. O. S. 261, Anm. 2. Anderer Ansicht Goldbaum, Urheberrecht, S. 177, der die Korrespondenzen als Zeitungen ansieht.

[212]) Vgl. Einzelheiten hierzu bei Häntzschel, JW. 1927, S. 1549, und BlfF. 1927, S. 179 ff.

[213]) Man beachte hierbei jedoch die stark einengende Rechtsprechung des Reichsgerichts, nach der als urheberrechtlich nicht geschützte vermischte Nachrichten auch solche Mitteilungen von Tatsachen anzusehen sind, die „in einer individuell eigenartigen Form" erfolgen (RGSt. Bd. 47 Nr. 86 S. 295).

gabe gewöhnlicher Tagesneuigkeiten und vermischter Nachrichten tatsächlichen Inhalts, bei denen der Aufwand an geistiger Tätigkeit verhältnismäßig gering ist[214]), kann jedoch nicht verboten werden; „es gibt hier kein Objekt für ein Urheberrecht“[215]).

Man kommt daher abschließend zu dem Ergebnis, daß es rechtlich keinen Unterschied macht, ob die bildfunkmäßig wiederzugebenden Nachrichten aus Zeitungen und Zeitschriften stammen oder aus Nachrichtenbüros[216]). Grundsätzlich dürfte also die bildfunkmäßige Übermittlung dieser Nachrichten nach § 18 Abs. 3 LitUG. den Sendegesellschaften frei erlaubt sein, ohne daß Urheberrechte irgendwelcher Art zu beachten wären[217]).

Zu prüfen bleibt in diesem Zusammenhang noch die von Elster aufgeworfene Frage, „ob die Wiedergabe künstlerischer Beiträge aus Zeitungen und Zeitschriften, die im wesentlichen doch nur Tagesereignisse betreffen, erlaubt ist, also Zeichnungen und Photographien, die sich als Kunst oder Kunstgewerbe gerieren und doch tatsächlich nur auf gleicher Stufe mit Tagesnachrichten stehen, nur eben mit dem Unterschied, daß sie nicht mit Worten, sondern bildlich gegeben werden“[218]).

Bei der Behandlung dieser Frage ist allgemein davon auszugehen, daß sich die Ausnahmevorschriften des § 18 LitUG. lediglich auf den Inhalt von Zeitungen und Zeitschriften als solchen beziehen (das heißt auf das, was man in ihnen gewöhnlich zu suchen und zu finden pflegt: das Neueste vom Tage), nicht dagegen auf in Zeitungen und Zeitschriften erschienene Abbildungen und Werke der Tonkunst, die sich als individuelle Geistesschöpfungen darstellen[219]).

---

[214]) So Allfeld, zu § 18 LitUG., Anm. 17.

[215]) Anderseits ist aber der Abdruck von Nachrichten aus Zeitungen und Zeitschriften nicht unter allen Umständen frei zulässig; es fehlt ihm nur der urheberrechtliche Schutz. Aus anderen Gesetzen (z. B. § 1 UWG.!) kann sich sehr wohl ein gesetzlicher Schutz gegen den Abdruck ergeben. Jedenfalls: in der Praxis ist der Rechtsschutz des Nachrichtenwesens in Deutschland zur Zeit nur sehr gering (vgl. hierüber Häntzschel, a. a. O.).

[216]) Übereinstimmend Elster, ArchFunk. 1929, S. 508.

[217]) Vgl. aber Anm. 215.

[218]) Elster, ArchFunk. 1929, S. 508.

[219]) Solche Abbildungen behalten den Urheberrechtsschutz unbedingt (ebenso Allfeld, zu § 18 LitUG., Anm. 5).

Um derartige „Kunst“schöpfungen soll es sich in diesem Zusammenhang aber gar nicht handeln, sondern lediglich um Illustrationen, die, ohne einen Kunstwert zu besitzen, den Tagesnachrichten zum Zwecke der Erläuterung beigegeben werden (beispielsweise bei der Berichterstattung über einen Dachstuhlbrand eine photographische Aufnahme des zerstörten Dachstuhls). Die Frage ist, ob bei einer bildfunkmäßigen Wiedergabe der Tagesnachrichten solche Photographien (oder auch Zeichnungen) mitübertragen werden dürfen, oder ob sich die Bildfunksendung auf die bloße Wiedergabe der Nachrichten als solcher zu beschränken hat.

Man wird die Entscheidung meines Erachtens dahin fällen können, daß im allgemeinen auch derartige Zeichnungen und Photographien, „die sich als Kunst oder Kunstgewerbe gerieren und doch tatsächlich nur auf gleicher Stufe mit Tagesnachrichten stehen“, Gegenstand der den Sendegesellschaften frei erlaubten Bildfunksendung sein können. Der Zweck des Gesetzes muß hierbei leitend sein. „Der Zeitungsinhalt dient vielfach nur dem Bedürfnisse nach Nachrichten über Ereignisse des täglichen Lebens und nach rascher Orientierung über politische und andere Tagesfragen; dieses Bedürfnis ist naturgemäß einem steten Wechsel unterworfen und das Interesse an einem großen Teil des Zeitungsinhalts ist daher nur ein vorübergehendes. Anderseits liegt in dem Wesen dieser Art von literarischen Produkten die Bestimmung zu möglichster Publizität“[220]). Gleiches muß meines Erachtens auch für die hier in Frage stehenden Illustrationen in Gestalt von Zeichnungen und Photographien gelten, zumal in der heutigen Zeit, in der — nach Allfelds treffenden Darlegungen[221]) — „der Sinn des Publikums mehr und mehr aufs Illustrative gerichtet ist“: auch sie dienen nur einem vorübergehenden, im Augenblick gerade brennenden Interesse, ohne im allgemeinen einen besonderen Kunstwert zu besitzen.

Man gelangt damit zu folgendem Ergebnis: Ebenso wie die bildfunkmäßige Übertragung von Tagesneuigkeiten und vermischten Nachrichten tatsächlichen Inhalts zulässig ist, dürfte auch die bildfunkmäßige Wiedergabe der hier in Frage stehenden Zeit-

---

220) Allfeld, zu § 18 LitUG., Anm. 1.

221) DJZ. 1926, S. 1467.

schriften- und Zeitungsbeiträge (Photographien und Zeichnungen) erlaubt sein[222]).

ee) Als Gegenstand einer Bildfunksendung kommen weiterhin Kartenwerke in Betracht, wie z. B. Land- und Wetterkarten, Stadtpläne, Seekarten und Globuskarten. Es ist dies ein Gebiet, das für die praktische Verwendung des Bildfunks (vor allem im Betriebe des Flugwesens) von allergrößter Bedeutung ist. Zu prüfen ist, ob die bildfunkmäßige Übertragung solcher Kartenwerke frei erlaubt ist oder ob an diesen bestehende Urheberrechte einzuhalten sind[223]).

Da es sich bei diesen Karten zweifellos um schriftlich festgelegte geistige Schöpfungen handelt, könnte man zunächst geneigt sein, ihnen den Schutz des § 1 Ziffer 1 LitUG. zuzubilligen[224]), nach dem „die Urheber von Schriftwerken ...“ geschützt werden. Es ist mithin zu untersuchen, ob Kartenwerke als „Schriftwerke“ im Sinne des § 1 Ziffer 1 LitUG. angesehen werden können; der Begriff „Schriftwerk“ ist zu klären.

Ein „Schriftwerk“ ist nach Allfeld[225]) „ein durch das Mittel der Sprache in individuelle Form gebrachter, durch Aufzeichnung oder mündliche Mitteilung an andere zur Erscheinung in der Sinnenwelt gelangter Gedankeninhalt“[226]), [227]). Wichtig ist hierbei die Formgestaltung des Gedankens „durch das Mittel der Sprache“, wobei es gleichgültig ist, ob es sich um eine lebende

---

[222]) Sollte es sich allerdings um besonders wertvolle Schöpfungen eines namhaften Künstlers handeln, die in der Zeitung wiedergegeben sind, dann muß ihm der gewöhnliche Schutz des Urheberrechts gewahrt bleiben; das Abdruckprivileg des § 18 LitUG. versagt in diesem Falle.

[223]) Über den urheberrechtlichen Schutz von Kartenwerken vergleiche vor allem die grundlegende Darstellung von Kobel, GRUR. 1928, S. 537 ff.

[224]) So in der Tat Hoffmann, JW. 1927, S. 1421 (anders aber wohl in ArchFunk. 1929, S. 175) und Goldbaum, Urheberrecht, S. 27 (anders aber wieder a. a. O. S. 32).

[225]) Zu § 1 LitUG., Anm. 8.

[226]) Ebenso: Marwitz-Möhring, zu § 1 LitUG., Anm. 16; Riezler, a. a. O. S. 218; vgl. auch Gierke, a. a. O. S. 769 ff., und RGZ. Bd. 81 Nr. 26 S. 122.

[227]) Daß das Geisteswerk bereits schriftlich festgelegt ist, erfordert der Begriff „Schriftwerk“ nicht; es genügt die Mitteilbarkeit durch die Schrift, daß es geeignet ist, nach erfolgter Fixierung anderen mitgeteilt zu werden (ebenso: Allfeld, zu § 1 LitUG., Anm. 8; Riezler, a. a. O. S. 219; RGZ. Bd. 22 Nr. 35 S. 176).

oder eine tote Sprache handelt, um Schriftsprache oder Dialekt oder „gewillkürte" Sprache (Esperanto). Von alledem kann bei einer Landkarte (oder einer der anderen Karten) keine Rede sein. Auf ihr werden Tatsachen kartographisch festgehalten, stumme Zeichen — oder mit Marwitz-Möhring: „fast sakramentale Ausdrucksmittel" — (wie z. B. verschiedenartige Farben und Schattierungen, Kreise und Linien), aus denen der Benutzer sich ein Abbild der Wirklichkeit verschaffen soll. Das „Mittel der Sprache" im obigen Sinne jedoch wird nicht verwertet. Ein „Schriftwerk" im Sinne des § 1 Ziffer 1 LitUG. liegt also nicht vor.

Es bleibt weiter zu untersuchen, ob es sich bei den Kartenwerken gemäß § 1 Ziffer 3 LitUG. um „Abbildungen wissenschaftlicher oder technischer Art" handelt, die nicht ihrem Hauptzwecke nach als Kunstwerke zu betrachten sind und die daher nicht den Schutz des KSchG. genießen, sondern unter das LitUG. fallen. Die herrschende Meinung[228]) bejaht diese Frage; ob dem zuzustimmen ist, muß die nachfolgende Prüfung ergeben.

„Abbildungen" sind „bildliche Darstellungen, die ein Erzeugnis des menschlichen Geistes, das heißt einer selbständigen, schaffenden Geistestätigkeit"[229]) darstellen. „Abbildungen wissenschaftlicher oder technischer Art" im Sinne des § 1 Ziffer 3 LitUG. sind solche „Abbildungen", die ihren Gegenstand — in individuelle Form gekleidet — dem Bereich der Wissenschaft oder Technik entnehmen, ohne daß diese bildhafte Festlegung des Gedankens in der Hauptsache dazu bestimmt ist, (wie sonstige Kunstwerke) ästhetische Wirkungen zu erzielen[230]). Die Abbildung muß den Zweck verfolgen, den Beschauer vermöge ihres wissenschaftlichen Inhalts zu belehren und zu unterrichten[231]).

---

[228]) Allfeld, zu § 1 LitUG., Anm. 44; Goldbaum, Urheberrecht, S. 32 (anders allerdings S. 27); Kobel, a. a. O. S. 542; Lindemann, zu § 1 LitUG., Anm. 4; Marwitz-Möhring, zu § 1 LitUG., Anm. 28; Meyer, a. a. O. S. 220; Riezler, a. a. O. S. 237; Voigtländer-Fuchs, zu § 1 LitUG., Anm. F. II. 2.

[229]) Kobel, a. a. O. S. 542.

[230]) Übereinstimmend: Allfeld, zu § 1 LitUG., Anm. 40; Marwitz-Möhring, zu § 1 LitUG., Anm. 24; Riezler, a. a. O. S. 236.

[231]) So Allfeld, zu § 1 LitUG., Anm. 44; Riezler, a. a. O. S. 236; RGZ. Bd. 14 Nr. 15 S. 54; RGSt. Bd. 15 Nr. 123 S. 407; RGSt. Bd. 34 Nr. 133 S. 432; RGSt. Bd. 35 Nr. 117 S. 330; RGSt. Bd. 39 Nr. 75 S. 228.

Diese spezifischen Merkmale einer „Abbildung wissenschaftlichen oder technischen Inhalts" treffen auf die Landkarte (und Gleiches muß hinsichtlich der anderen Karten gelten) zu. Sie verfolgt den Zweck, den jeweiligen Benutzer in bezug auf die geographischen Merkmale und Besonderheiten des betreffenden Landesteiles zu unterrichten; sie trägt damit objektiv den allgemeinen Charakter einer belehrenden Darstellung in sich.

Gegen diese allgemein anerkannte Ansicht wendet sich nun Hoffmann[232]), und zwar mit folgenden Gründen: Unter einer Abbildung sei eine Wiedergabe des Objekts dergestalt zu verstehen, daß dieses in seinen wesentlichen Teilen Dritten erkennbar werde. Landkarten aber (und um wieviel weniger erst Wetterkarten!) seien keine Wiedergabe der Wirklichkeit und damit auch keine Abbildungen. Denn sie wollten nicht veranschaulichen, wie die Natur, die kartographisch fixiert sei, in Wirklichkeit aussehe, sondern sie wollten dem Leser vermittels der kartographisch gebräuchlichen Signaturen eine Summe geographisch wesentlicher Tatsachen vermitteln und ihn so instandsetzen, sich durch Zusammensetzen dieser Einzeltatsachen vermittels phantasievoller Tätigkeit ein Abbild der Wirklichkeit zu verschaffen. Die Karte sei dem Leser nur ein Hilfsmittel, um sich ein Abbild der Wirklichkeit zu verschaffen, sie sei aber nicht selbst Abbild der Wirklichkeit[233]).

Diesen Ausführungen Hoffmanns ist insoweit beizutreten, als er in Abrede stellt, daß es sich bei einer Landkarte (ebenso wie bei einer der anderen Karten) um ein tatsächliches Abbild der Wirklichkeit handelt, um ein ästhetisches Abbild der betreffenden Landschaft. Das ist aber auch keineswegs für eine Abbildung wissenschaftlichen oder technischen Inhalts erforderlich. Ihr Zweck ist bei einer Karte der vorliegenden Art lediglich die Darstellung und Veranschaulichung der Geländeverhältnisse und sonstigen Besonderheiten der Landschaft, „und zwar in ganz anderer, viel unmittelbarerer Weise als eine Beschreibung durch Worte"[234]).

Man kommt damit zu dem Ergebnis, daß es sich bei Kartenwerken um „Abbildungen" im Sinne des § 1 Ziffer 3 LitUG.

---

232) In BBl. 1922, S. 193, und JW. 1924, S. 1421.

233) Hoffmann, JW. 1924, S. 1421.

234) So richtig Allfeld, zu § 1 LitUG., Anm. 44.

handelt, wobei in diesem Zusammenhang noch darauf hingewiesen sei, daß bei ihnen „die bildliche Darstellung, die Form mitsamt ihrem Inhalte geschützt ist, sofern sie das Ergebnis einer selbständigen, individuellen schaffenden Geistestätigkeit ist“[235]). Die Sendegesellschaften bedürfen demgemäß zu einer derartigen Bildfunksendung der vorherigen Erlaubnis des Schöpfers der Karte; eine freie Sendebefugnis ist nicht gegeben.

ff) Schließlich kann als Gegenstand einer Bildfunksendung noch in Betracht kommen die bildmäßige Übermittlung kleinerer Schriftwerke, von Reden und Vorträgen (vgl. § 1 Ziffer 1 LitUG.), Ansprachen und Botschaften aus besonderem Anlaß und anderes[236]). Soweit es sich hierbei um Objekte handelt, die den Schutz des Urheberrechts genießen, dürften sich bei der rechtlichen Behandlung derartiger Bildfunksendungen keinerlei Schwierigkeiten ergeben: eine freie bildfunkmäßige Wiedergabe kommt nicht in Betracht. Eine allgemein gültige Entscheidung, wann ein derartiges Objekt urheberrechtlich geschützt ist, kann jedoch nicht gegeben werden; die Entscheidung ist von Fall zu Fall erforderlich.

b) Wesentlich einfacher als bei den geschützten Werken ist die Rechtslage bei denjenigen Objekten der Bildfunksendung, an denen ein Urheberrecht nicht besteht, sei es, daß sie überhaupt keinen Urheberrechtschutz genießen und daher jederzeit frei wiedergegeben werden dürfen (wie z. B. bloße Naturvorgänge, öffentliche Begebenheiten und sonstige Geschehnisse), oder sei es, daß die ihnen vom Gesetz zugebilligte Schutzfrist (vgl. §§ 29 ff. LitUG. und §§ 25, 26 KSchG.) bereits abgelaufen ist. Daß die Sendegesellschaften an diesen Objekten ein freies Senderecht haben, ohne irgendwelche einengende Vorschriften beobachten zu müssen, ist meines Erachtens nicht zu bezweifeln und bietet juristisch keinerlei Schwierigkeiten, so daß sich eine eingehendere Erörterung dieser Fälle erübrigt[237]).

---

[235]) Kobel, a. a. O. S. 542.

[236]) Gedacht ist hierbei z. B. an eine Neujahrsbotschaft eines namhaften Gelehrten, eine besonders geartete Glückwunschadresse u. dgl.

[237]) Wenig klar scheinen mir in diesem Zusammenhang die Ausführungen Elsters (Ufita 1929, S. 274 = ArchFunk. 1929, S. 509 = HdR., S. 160) zu sein, der Untersuchungen darüber anstellt, ob durch die Sendung ein Urheberrecht zur Entstehung gelange. Es ist oben,

4. Im Besonderen: Bildnisse von Personen als Gegenstand der Bildfunksendung

Als Hauptanwendungsfall der Bildfunksendung dürfte die Übertragung von Personenbildnissen anzusehen sein, wobei es gleichgültig ist, ob es sich dabei um ein Werk der bildenden Künste oder um eine Photographie handelt. Es ergeben sich hier nun insoweit Besonderheiten, als die Sendegesellschaft bei der funkmäßigen Wiedergabe von Personenbildnissen gemäß § 22 Satz 1 KSchG. — abgesehen von der nach § 1 KSchG. erforderlichen Genehmigung des Urhebers des Bildes[238]) — grundsätzlich auch der Einwilligung des Abgebildeten bedarf. Es erhebt sich hierzu die Frage, was als ein „Bildnis" anzusehen ist.

Unter einem „Bildnis" im Sinne des Gesetzes ist jede Darstellung zu verstehen, die den Zweck verfolgt, „eine Person in ihrer dem Leben nachgebildeten äußeren Erscheinung dem Beschauer vor Augen zu führen und das Aussehen, wie es gerade dieser bestimmten Person eigen ist, insbesondere ihre Gesichtszüge, im Bilde wiederzugeben"[239]). Auch eine nach dem Tode des Abgebildeten von diesem gemachte Aufnahme, insbesondere eine Totenmaske, ist ein „Bildnis" im Sinne des Gesetzes[240]).

Ob die Person lediglich als Kopfporträt dargestellt ist oder in ganzer Größe oder nur als Halbfigur, ist ebenso bedeutungslos wie die Tatsache, ob sie in wahrer Größe oder in einer Vergrößerung oder einer Verkleinerung dargestellt ist. Unumgäng-

---

Anm. 171, dargetan worden, daß die „Sendung" ein zweiteiliger Akt ist und daß unter ihr zu verstehen ist: photographische Aufnahme des Objekts plus funktechnische Wiedergabe. Elster bejaht nun die von ihm aufgeworfene Frage, indem er darlegt, daß nach Analogie des Photographieschutzes („ein der Photographie ähnliches Verfahren!") ein Urheberrecht für denjenigen entstünde, „der mit Geist und Kunst das zu sendende, wenn auch an sich freie Natur- oder Geschehensbild aufnahm". Daß ein Urheberrecht für denjenigen entsteht, der die Aufnahme herstellt, ist aber unbestritten, zumal das KSchG. (§§ 1 und 3) diesen Fall klar regelt. Dagegen läßt Elster eine Untersuchung darüber vermissen, ob ein Urheberrecht durch den zweiten Akt der „Sendung", die funkmäßige Wiedergabe des aufgenommenen Objektes, zur Entstehung gelangt (vgl. hierüber unten C. II. 2).

[238]) Vgl. hierzu Allfeld, zu § 22 KSchG., Anm. IV. 9.

[239]) RGZ. Bd. 103 Nr. 95 S. 320.

[240]) Ebenso Allfeld, zu § 22 KSchG., Anm. III. 7. b; Fuld, zu § 22 KSchG., Anm. II. 1; Osterrieth-Marwitz, zu § 22 KSchG., Anm. III. 2.

lich notwendig ist es meines Erachtens aber, daß die Gesichtszüge des Abgebildeten wiedergegeben werden[241]), „denn nur so wird die Abbildung zum lebendigen Stellvertreter des Bildnisträgers und ermöglicht dem Beschauer, den Abgebildeten von anderen Personen zu unterscheiden“[242]). Die bloße Wiedergabe anderer Körperteile, z. B. einer Hand oder eines Fußes der betreffenden Person (mögen sie noch so charakteristische Merkmale an sich tragen), ist kein Bildnis.

Bestritten ist die Frage, ob Karikaturen zu den Bildnissen zu rechnen sind. Die (noch) herrschende Meinung in der Literatur[243]) steht auf dem Standpunkt, daß die Karikatur nicht zu den Bildnissen im Sinne des § 22 KSchG. zu zählen sei, denn sie verfolge als „bewußt zweckbestimmte Abweichung von der Sichtbarkeit“[244]) nicht den Zweck, die dargestellte Person in ihrer wirklichen, dem Leben nachgebildeten äußeren Erscheinung wiederzugeben, sie zu „identifizieren“; der Zeichner wolle gar nicht die natürliche, wirkliche Persönlichkeit des Dargestellten genau wiedergeben, sondern sie nur als Ausgangspunkt seiner eigenschöpferischen (karikaturistischen) Darstellung benutzen[245]) und unter starken Übertreibungen und Entstellungen im Bilde festhalten und dadurch eine humoristische Wirkung hervorrufen. Dabei trete die Wiedergabe der wahren Gesichtszüge derart in den Hintergrund, daß von einem „Bildnis“ im Sinne des § 22 KSchG. nicht mehr die Rede sein könne.

Dieser Ansicht ist meines Erachtens nicht beizupflichten, denn auch die Karikatur erfüllt die Aufgabe, die Gesichtszüge einer bestimmten Person darzustellen und dadurch diese Person den anderen Menschen zur Anschauung zu bringen. Wenn auch der Zeichner absichtlich die wahren Verhältnisse in der Erscheinung der abgebildeten Person verschiebt, besonders eigentümliche

---

[241]) Beistimmend: Allfeld, zu § 22 KSchG., Anm. I. 2. c; Fuld, zu § 22 KSchG., Anm. II. 1. Anders Osterrieth-Marwitz, zu § 22 KSchG., Anm. III. 2 (anders die 1. Auflage).

[242]) Schünemann, a. a. O. S. 559.

[243]) Allfeld, zu § 22 KSchG., Anm. I. 2. b; Fuld, zu § 22 KSchG., Anm. II. 2; ders., Recht 1907, S. 502; Hoffmann, ArchFunk. 1929, S. 176; Kohler, Kunstwerkrecht, S. 161; Lion, GRUR. 1928, S. 806.

[244]) Hirsch, JW. 1930, S. 1652.

[245]) Lion, GRUR. 1928, S. 806.

Merkmale der Person übertreibt und dadurch andere Kennzeichen notwendig zurückdrängt, so bleibt doch „die karikaturistische Ausgestaltung immer ein Abbild des Urbildes“[246]), das dem Beschauer die Gesichtszüge der karikierten Person derart vor Augen führt, daß ihre Unterscheidung von allen übrigen Menschen möglich ist. Sie ist eine Darstellung, die den Zweck verfolgt, die in der Karikatur festgehaltene Person in ihrer dem Leben nachgebildeten äußeren Erscheinung dem Beschauer in humoristischer Weise vor Augen zu führen. Es erscheint danach nicht angängig, den Rechtsschutz des § 22 KSchG. vor der Karikatur Halt machen zu lassen[247]).

Auch die Frage, ob die Darstellung einer Person im Film oder auf der Bühne als ein „Bildnis“ im Sinne des § 22 KSchG. angesehen werden kann, ist meines Erachtens zu bejahen[248]); weder Zweck noch Sinn des KSchG. lassen Gründe ersichtlich werden, die gegen die Anwendbarkeit des Begriffes „Bildnis“ auf ein sogenanntes „lebendes Bild“ sprechen könnten. Das Wesen des Bildnisschutzes besteht darin, daß dem Lebensbilde einer Person voller persönlichkeitsrechtlicher Schutz gegen jegliche unberechtigte Veröffentlichung und Verbreitung zuteil wird. Soll dieser Schutz nach allen Richtungen hin voll durchgeführt werden, dann muß er überall da gegeben sein, wo — objektiv betrachtet — auch nur die Möglichkeit einer Beeinträchtigung der Persönlichkeit des Dargestellten durch die Veröffentlichung seines Lebensbildes zu befürchten steht, und es ist daher auch notwendig, den Schutz gegen die öffentliche Zurschaustellung der Person im Film und auf der Bühne anzuerkennen. Denn „jede Darstellung einer Person, welche das Urbild in seinem äußeren Aussehen naturgetreu wiedergibt, ist die Darstellung des Eigenbildes derselben, und es würde direkt den Zwecken des Gesetzes zuwiderlaufen, insoweit einen Unterschied zwischen dem Urbild, das in

---

[246]) Schünemann, a. a. O. S. 560.

[247]) Wie hier: Bewer, a. a. O. S. 38; Bewier, a. a. O. S. 50; Elster, Gewerblicher Rechtsschutz, S. 192; Hirsch, Ufita 1929, S. 526; ders., JW. 1930, S. 1652; ders., Ufita 1931, S. 51; Machens, a. a. O. S. 132; Osterrieth-Marwitz, zu § 22 KSchG., Anm. III. 3; Schünemann, a. a. O. S. 559.

[248]) Gleicher Ansicht: Fuld, DJZ. 1928, S. 419; Hoffmann, ArchFunk. 1929, S. 176; Osterrieth-Marwitz, zu § 22 KSchG., Anm. III. 3; Pinzger, a. a. O. S. 120; KG. in JW. 1928, S. 264.

dem Porträt, in der Photographie, in der Büste verkörpert ist, und dem Urbild, das in der dargestellten Persönlichkeit materialisiert ist, zu machen"[249]). Auch dann, wenn das Lebensbild einer Person von einem Film- oder Bühnenschauspieler durch Maske, Erscheinung und Ausdrucksweise dargestellt wird, mit dem Zweck, diese Person in allen Beziehungen naturgetreu wiederzugeben (nachzuahmen), liegt ein „Bildnis" eben dieser dargestellten Person vor[250]), [251]).

Man gelangt damit zu dem Ergebnis, daß zu den gemäß § 22 KSchG. geschützten „Bildnissen" einer Person neben den gewöhnlichen bildlichen Darstellungen (Porträt, Photographie) auch Karikaturen und Bühnenverkörperungen zu rechnen sind, so daß grundsätzlich die Sendegesellschaft zu einer funkmäßigen Übertragung eines dieser „Bildnisse" der Einwilligung des Dargestellten bedarf (§ 22 Satz 1 KSchG.).

Aber es ist zu beachten, daß dies Recht am eigenen Bilde mit Rücksicht auf die Interessen der Allgemeinheit durch die Bestimmungen des § 23 Abs. 1 KSchG. eine weitgehende Einschränkung erfahren hat; es dürfen nach dieser Vorschrift ohne die nach § 22 des Gesetzes erforderliche Einwilligung des Dargestellten verbreitet und zur Schau gestellt (und funkmäßig wiedergegeben) werden:

1. Bildnisse aus dem Bereiche der Zeitgeschichte;

2. Bilder, auf denen die Personen nur als Beiwerk neben einer Landschaft oder sonstigen Örtlichkeit erscheinen;

3. Bilder von Versammlungen, Aufzügen und ähnlichen Vorgängen, an denen die dargestellten Personen teilgenommen haben;

---

[249]) Fuld, DJZ. 1928, S. 418.

[250]) Vgl. das Piscator-Urteil des KG. in JW. 1928, S. 363 ff., insbesondere S. 364.

[251]) Anderseits darf nicht — wie das Reichsgericht es tut (RGZ. Bd. 103 Nr. 95 S. 320; ihm beistimmend Allfeld, JW. 1922, S. 390) — die Kehrseite übersehen werden: Handelt es sich um ein Bildnis des Schauspielers, das diesen — losgelöst von der Aufführung — in seiner Rolle erscheinen läßt (z. B. Aufnahmen des Schauspielers als Hamlet oder Othello), dann liegt zweifellos ein Bildnis des betreffenden Schauspielers als solchen vor, der in verschiedenen Aufnahmen „seine Darstellungskraft und Wandlungsfähigkeit" (Pinzger, a. a. O. S. 121) als Künstler zeigen, nicht aber die im Werk des Dichters handelnd gedachte Person gestalten will.

4. Bildnisse, die nicht auf Bestellung angefertigt sind, sofern die Verbreitung einem höheren Interesse der Kunst dient.

Es darf jedoch nicht übersehen werden, daß auch in den Fällen des § 23 Abs. 1 Ziffer 1 bis 4 KSchG. die Wiedergabe des Bildes dann unzulässig ist, wenn durch sie ein berechtigtes Interesse des Abgebildeten oder, falls dieser verstorben ist, seiner Angehörigen verletzt wird (§ 23 Abs. 2 KSchG.).

Für die praktische Handhabung des Bildfunks dürften alle angeführten vier Fälle zur Anwendung kommen. Es erscheint aus diesem Grunde zweckmäßig, die Schwierigkeiten, die sich für die juristische Behandlung dieser Fälle bieten, eingehend zu beleuchten.

Zunächst gilt es, die Tatbestandsmerkmale klarzustellen, die der Rechtsbegriff „Bereich der Zeitgeschichte" voraussetzt. Auszugehen ist davon, daß dieser Ausdruck in weitestem Sinne zu verstehen ist und „nicht nur das eigentliche politische, sondern auch das soziale, wirtschaftliche und Kulturleben des Volkes umfaßt"[252]). Der Abgebildete muß, von objektiven Gesichtspunkten aus betrachtet, eine bemerkenswerte Stellung im öffentlichen Leben einnehmen, Aufmerksamkeit beim Volke finden und Gegenstand der Teilnahme und Wißbegier weiter Kreise sein, die ein begründetes Interesse daran haben, das Bildnis dieser Person kennenzulernen. Daß der Dargestellte selbst gerade „Geschichte macht"[253]), ist nicht erforderlich; jedoch gehört hierher alles, was der Beachtung von Seiten der Volksgenossen für wert empfunden wird. Allerdings: „Sensationslust und Neugierde sind niemals hinreichende Gründe, um das Bildnis einer Person ohne ihre Einwilligung zu veröffentlichen[254])." Diese Einschränkung ist in heutiger Zeit um so mehr zu beachten, „als die Tagespresse — nach amerikanischem Muster — immer mehr die Gewohnheit angenommen hat, auch über unliebsame Ereignisse, wie Verbrechen, Unglücksfälle, ungewöhnliche Gerichtsverhandlungen eingehende Berichte zu bringen und auch die daran ohne jedes Zutun beteiligten Personen in den Vordergrund des Inter-

---

[252]) So die Begründung des Gesetzes bei Osterrieth-Marwitz, zu § 23 KSchG., Anm. B. I.

[253]) Allfeld, zu § 23 KSchG., Anm. I. 2.

[254]) Mit Recht so Osterrieth-Marwitz, zu § 23 KSchG., Anm. B. III. 3.

esses zu rücken und bildlich darzustellen. Diese in Unterhaltungs- und Sensationsbedürfnis wurzelnde Gepflogenheit kann aber nicht dazu führen, den Begriff der Zeitgeschichte auf Kosten des Schutzes der Persönlichkeit auszudehnen"[255]).

Man wird, unter Berücksichtigung all dieser Momente, zusammenfassend zu den Personen „aus dem Bereiche der Zeitgeschichte" rechnen können: Personen in hervorragender sozialer Stellung (wie Staatshäupter, Staatsmänner und Diplomaten, Abgeordnete, Leiter staatlicher Behörden und sonstiger Anstalten); ferner Personen, deren Tätigkeit sie in breitester Öffentlichkeit bekannt macht (so z. B. Universitätsprofessoren, Dichter, Schriftsteller, Schauspieler und andere Künstler); endlich Personen, die durch besonders hervorstechende Leistungen in die Öffentlichkeit getreten sind (wie beispielsweise Männer der Industrie, Gelehrte, Erfinder, Forscher und Entdeckungsreisende). Man wird sogar solche Personen zur Zeitgeschichte rechnen können, die sich zwar persönlich völlig der Öffentlichkeit fernhalten, aber auf Grund irgendeines sie betreffenden Ereignisses einen Gegenstand der Zeitgeschichte bilden; bei einem derartigen Sachverhalt wird jedoch stets eine strenge Prüfung am Platze sein, ob der betreffende Vorfall z e i t g e s c h i c h t l i c h e Bedeutung hat, oder ob „etwa nur Schnüffelung in mehr oder weniger private Skandalaffären vorliegt"[256]), [257]).

Im übrigen ist für die Frage, ob eine Person „dem Bereich der Zeitgeschichte" zuzurechnen ist, immer der Zeitpunkt entscheidend, in dem das Bildnis der in Frage stehenden Person veröffentlicht werden soll. Denn es kann nicht zugegeben werden, daß jemand, der im Laufe der Jahre einmal vorübergehend im Brennpunkt zeitgeschichtlichen Interesses gestanden hat, deswegen sein ganzes Leben hindurch auf Grund des § 23 Ziffer 1 KSchG. der Veröffentlichung seines Bildnisses nicht widersprechen kann. Es ist daher auch Osterrieth-Marwitz beizupflichten, wenn sie sagen: „Wer nur bei einem einzelnen Vorfalle in den

[255]) So überzeugend das Domela-Urteil des KG. in JW. 1928, S. 421.

[256]) Elster, Gewerblicher Rechtsschutz, S. 191.

[257]) Vgl. im übrigen über den Begriff „Zeitgeschichte" die zusammenfassenden Darstellungen bei Allfeld, zu § 23 KSchG., Anm. I. 2, und Osterrieth-Marwitz, zu § 23 KSchG., Anm. III. 1.

Bereich der Zeitgeschichte getreten ist, genießt den vollen Schutz des § 22, sobald der Vorfall vergessen ist[258])."

Erwähnt sei der Vollständigkeit halber, daß es für den Begriff der Zeitgeschichte nicht erforderlich ist, daß der Dargestellte mit Bewußtsein in das öffentliche Leben eintritt; es genügt, daß der Betreffende, auch ohne sich dessen bewußt zu sein, zeitgeschichtliches Interesse bei seinen Mitmenschen hervorgerufen hat[259]).

Den zweiten Fall einer Beschränkung des Rechts am eigenen Bilde zugunsten der Interessen der Allgemeinheit ergibt § 23 Ziffer 2 KSchG. Hier handelt es sich um Personen, die nicht als solche Hauptzweck des Bildes sind, sondern nur als Beiwerk neben einer Landschaft oder einer sonstigen Örtlichkeit erscheinen. „Beiwerk oder Staffage sind die Personen dann, wenn der Zweck des Bildes Darstellung nicht der Personen, sondern der Landschaft ist, letztere die Hauptsache ist und die Personen nur deshalb auf das Bild kommen, weil sie entweder zufällig da sind und nicht ausgeschieden werden können oder ihre Heranziehung nur zur Belebung des Landschaftsbildes dient[260])."

Einen Hauptanwendungsfall dieser Bestimmung stellt das Bühnenbild dar. Auch hier ist nicht die Person des Schauspielers oder Sängers die maßgebende Erscheinung; das Wesentliche ist vielmehr beim Bühnenbild die Gesamtheit der Darsteller im Rahmen des Szenenbildes, das auf den Besucher einwirkt. Der einzelne Künstler ist hier nicht mit seiner Person abgebildet, seinem Eigenbild, sondern in der von ihm verkörperten Rolle, die ebenso wie von ihm auch von einem anderen Bühnenkünstler dargestellt werden könnte; er ist nur Teil des Ganzen, sein Recht am eigenen Bilde versagt hier[261]).

Die Ziffern 3 und 4 des § 23 KSchG. (Personen als Teilnehmer von Versammlungen, Aufzügen u. dgl. bzw. nicht auf Be-

---

258) Zu § 23 KSchG., Anm. B. III. 4.

259) Beistimmend: Bewier, a. a. O. S. 45 f.; Elster, Gewerblicher Rechtsschutz, S. 191; Goldbaum, JW. 1928, S. 376; Hoffmann, ArchFunk. 1929, S. 176. Anderer Ansicht: Allfeld, zu § 23 KSchG., Anm. I. 2; ders., JW. 1922, S. 390; KG. in JW. 1928, S. 421; AG. München in JW. 1928, S. 376.

260) Allfeld, zu § 23 KSchG., Anm. I. 3.

261) Vgl. hierzu auch RGZ. Bd. 103 Nr. 95 S. 320.

stellung angefertigte Bilder, deren Verbreitung einem höheren Interesse der Kunst dient) bieten juristisch keine Schwierigkeiten und brauchen daher nicht besonders behandelt zu werden.

Die mit Rücksicht auf die Interessen der Allgemeinheit gebotenen Einschränkungen des Rechts am eigenen Bilde erfahren jedoch, wie bereits erwähnt, eine Begrenzung durch die Vorschrift des § 23 Abs. 2 KSchG.: Wird durch die Verbreitung und Schaustellung des Bildnisses ein berechtigtes Interesse des Abgebildeten oder, falls dieser bereits verstorben ist, seiner Angehörigen verletzt, so greift auch in den Fällen des § 23 Abs. 1 Ziffer 1 bis 4 KSchG. das Verbot des § 22 KSchG. Platz. Was nun als „berechtigte Interessen" im Sinne des Gesetzes anzusehen ist, muß im Folgenden geprüft werden.

Nach der Begründung des Gesetzes[262]) soll durch die Vorschrift des § 23 Abs. 2 KSchG. dem vorgebeugt werden, „daß die Vorgänge des persönlichen, häuslichen und Familienlebens an die Öffentlichkeit gezogen werden, und daß das Bildnis für Zwecke verwendet wird, mit denen, ohne daß der Fall einer strafrechtlichen Beleidigung vorliegt, doch eine Verletzung der dem Abgebildeten schuldigen Achtung oder eine Kränkung oder die Gefahr einer sonstigen Benachteiligung verbunden ist". Der Abgebildete ist mithin dagegen zu schützen, daß durch die Art und Weise der Verbreitung seines Bildnisses die ihm und seiner Persönlichkeit zukommende Achtung und Ehrerbietung im Kreise seiner Mitmenschen geschmälert und er dem Spott und der Mißachtung der Öffentlichkeit preisgegeben wird. In welcher Form diese Verletzung im einzelnen vor sich gehen kann bzw. nicht zu dulden ist, läßt sich generell nicht abgrenzen; ob ein „berechtigtes Interesse" (das nach einer Entscheidung des KG. in ROLG. Bd. 30 S. 302 wie überhaupt ein schutzwürdiges Interesse so auch ein Geldinteresse sein kann) verletzt ist, hängt vielmehr ganz von den Umständen des einzelnen Falles ab und ist nach objektiven Gesichtspunkten zu entscheiden[263]).

Einen letzten Fall der Beschränkung des Rechts am eigenen Bilde stellt schließlich noch § 24 KSchG. dar. Danach dürfen für

262) Wiedergegeben bei Osterrieth-Marwitz, zu § 23 KSchG., Anm. F. I.

263) Einzelheiten hierüber bei Fuld, zu § 23 KSchG., Anm. VI, und Osterrieth-Marwitz, zu § 23 KSchG., Anm. F. III.

Zwecke der Rechtspflege und der öffentlichen Sicherheit von den Behörden — das heißt von denjenigen Behörden, deren Aufgabe die Ausübung der Rechtspflege und die Aufrechterhaltung der öffentlichen Sicherheit ist, also den Justiz- und Polizeibehörden[264]) — Bildnisse ohne Einwilligung des Berechtigten sowie des Abgebildeten oder seiner Angehörigen vervielfältigt, verbreitet und öffentlich zur Schau gestellt (und funkmäßig wiedergegeben) werden. Aber nur „für Zwecke der Rechtspflege und der öffentlichen Sicherheit" ist die Verbreitung des Bildnisses zulässig, „also für Steckbriefe, für das Verbrecheralbum (bei von auswärts zugereisten Verbrechern), oder unter Umständen zur Identifizierung eines verirrten Kindes, eines Geisteskranken, eines Taubstummen, einer Leiche usw."[265]). Bei anderen Veröffentlichungen des Bildnisses (beispielsweise bei dem Abdruck des Bildnisses eines Schwerverbrechers in der Tagespresse gelegentlich eines neuen Verbrechens) bleibt es bei den gewöhnlichen Bestimmungen des § 22 KSchG. bewenden; die Ausnahmevorschrift des § 24 KSchG. findet hier keine Anwendung[266]).

Man kommt zum Ergebnis der Untersuchungen über „Personenbildnisse als Gegenstand der Bildfunksendung": Grundsätzlich bedarf die Sendegesellschaft zu jeder Übertragung eines Personenbildnisses der Einwilligung des Abgebildeten (§ 22 KSchG.). Ausnahmen von diesem Grundsatz bestehen in den Fällen des § 23 Abs. 1 KSchG., nämlich wenn der Abgebildete zur Zeitgeschichte zu rechnen ist, lediglich Beiwerk neben einer Landschaft ist, zu Versammlungen oder Aufzügen gehört usw.; wird jedoch durch die funkmäßige Wiedergabe eines derartigen Bildes ein berechtigtes Interesse des Abgebildeten verletzt, dann bedarf die Sendegesellschaft auch in diesen Fällen des § 23 Abs. 1 KSchG. der Einwilligung des Abgebildeten (§ 23 Abs. 2 KSchG.). Endlich ist zu Zwecken der Rechtspflege und der öffentlichen Sicherheit (erinnert sei an den Bildfunkdienst zwischen deutschen Polizeidienststellen!) die Einwilligung des Abgebildeten nicht erforderlich.

---

[264]) Übereinstimmend: Allfeld, zu § 24 KSchG., Anm. 3; Fuld, zu § 24 KSchG. Anm. II; Osterrieth-Marwitz, zu § 24 KSchG., Anm. III.

[265]) Osterrieth-Marwitz, zu § 24 KSchG., Anm. V; vgl. auch Allfeld, zu § 24 KSchG., Anm. 2.

[266]) Vgl. hierüber eingehender Schneickert, DStrZ. 1922, S. 38 f.

II. Das Funkbild

Als besonders charakteristisches Merkmal der Bildfunksendung war bereits festgehalten worden, daß sie — im Gegensatz zur gewöhnlichen funkmäßigen Wiedergabe — einen bleibenden, sinnlich wahrnehmbaren Gegenstand hervorbringt: das Funkbild. Es ist im Folgenden zu erörtern, welche juristischen Fragen mit diesem Ergebnis der Bildfunksendung verknüpft sind. Insbesondere ist zu prüfen, ob durch den technischen Vorgang der Sendung irgendwelche originären Rechte überhaupt entstehen und, bejahendenfalls, wem diese Rechte zustehen, der Sendegesellschaft oder dem Rundfunkteilnehmer. Ferner ist zu untersuchen, was der Empfänger der Bildfunksendung mit dem in seinem Empfangsapparat fixierten Funkbild anfangen kann, ob er damit nach freiem Belieben zu verfahren berechtigt ist, oder ob irgendwelche anderweit bestehenden Rechte dem entgegenstehen.

Bevor an die Behandlung dieser Fragen herangegangen werden kann, muß der Begriff des Funkbildes geklärt werden.

1. Der Begriff

Will man eindeutig festlegen, als was sich das „Funkbild“ begrifflich darstellt, so wird man folgende Begriffsbestimmung wählen können: Das Funkbild ist das in sinnlich wahrnehmbarer Form festgelegte, auf eine gewisse Dauer berechnete Produkt des optisch-elektrischen Vorganges der Bildfunksendung (oder — in Ermangelung einer besonderen gesetzlichen Bestimmung unseres geltenden Urheberrechts —: der communication au public par la radiodiffusion im Sinne des Artikels 11 bis der Revidierten Berner Übereinkunft). Ob hierbei die Aufzeichnung des Funkbildes beim Empfänger auf photographischem Wege erfolgt ist oder ob eine Schreibvorrichtung zur Aufzeichnung benutzt worden ist, kann für die rechtliche Bewertung außer Ansatz bleiben.

2. Träger des Rechts am Funkbild

Es erhebt sich zunächst die Frage, ob durch den technischen Vorgang der Bildfunksendung ein originäres Urheberrecht an dem gefunkten Bilde entsteht, „ob dabei also eine Formgebung im urheberrechtlichen Sinne geschieht“[267]).

Hoffmann[268]) bejaht diese Frage ohne Bedenken und spricht

---

[267]) Elster, ArchFunk. 1929, S. 508.

[268]) ArchFunk. 1929, S. 178, und JW. 1929, S. 1180.

dem Funkbild den Schutz des KSchG. zu; „denn die funkmäßige, durch den Bildfunk sich vollziehende Wiedergabe setzt, weil sie ja eine Nachbildung, das heißt keine Wiedergabe des Werkes in seinem wesentlichen Bestand ist, eine individuelle geistige Tätigkeit voraus, schafft also Urheberrecht am Funkbild“[269]).

Auch Elster[270]) steht auf dem Standpunkt, daß durch die bildfunkmäßige Wiedergabe ein Urheberrecht entsteht. Aber er bejaht diese Frage „nicht etwa schon deshalb, weil irgendwo in dem technischen Gang der Bildfunksendung ein photographisches oder photographieähnliches Verfahren mitwirkend ist, sondern mehr aus dem inneren juristischen Grunde, daß Photographien nicht wegen ihres höheren oder geringeren Kunstwertes, sondern deshalb geschützt werden, weil Kunst und Geist bei der Aufnahme aufzuwenden sind. Das gleiche gilt für die Aufnahme im Bildfunk. Die Rundfunksendung selbst läßt mithin ein Urheberrecht für denjenigen entstehen, der mit Geist und Kunst das zu sendende, wenn auch an sich freie Natur- oder Geschehensbild aufnahm. Dieser Rechtssatz ergibt sich aus dem schöpferischen Charakter des Urheberrechts, der nicht vor Kategorien haltmachen darf[271]).“

Diesen Darlegungen Hoffmanns und Elsters[272]) ist meines Erachtens nicht ohne weiteres und nicht ohne einige Einschränkungen zuzustimmen. Überhaupt wird eine einheitliche und allgemein gültige Beantwortung der gestellten Frage nicht erfolgen können, weil der in verschiedenen Formen mögliche Erwerb des zu übermittelnden Werkes und seiner photographischen Wiedergabe durch die sendende Stelle nicht außer Betracht bleiben darf. Man muß dabei zwei Fälle unterscheiden:

a) Gegenstand der Bildfunksendung ist ein Bild, das die Sendegesellschaft selbst für die Zwecke der funkmäßigen Wiedergabe hergestellt hat bzw. hat herstellen lassen;

b) es handelt sich um ein Bild, das die Sendegesellschaft von dem ursprünglichen Hersteller des Bildes für die Zwecke der Bildfunksendung auf derivativem Wege erworben hat.

Bei der Betrachtung dieser beiden Fälle wird man zweckmäßig von dem ausgehen, was bereits oben (vgl. Anm. 171) als

---

[269]) JW. 1929, S. 1180.

[270]) Ufita 1929, S. 274, ArchFunk. 1929, S. 509, HdR., S. 160.

[271]) ArchFunk. 1929, S. 509.

[272]) Zweifelnd äußert sich Neugebauer, Fernmelderecht, S. 885.

das Entscheidende bei der urheberrechtlichen Behandlung der Bildfunksendung gekennzeichnet war: Man muß sich vor Augen halten, daß die „Sendung" ein zweiteiliger Akt ist, dessen einzelne Bestandteile nicht voneinander getrennt werden dürfen: die zunächst erfolgende photographische Aufnahme des funkmäßig zu übertragenden Gegenstandes einerseits und die alsdann vorzunehmende eigentliche funktechnische Übertragung dieser hergestellten Photographie unter Zuhilfenahme der Rundwirkung Hertzscher Wellen anderseits.

Geht man hiervon aus, so gelangt man hinsichtlich des ersten Falles zu dem Ergebnis, daß die Sendegesellschaft ein Urheberrecht an dem Funkbilde erwirbt, und zwar auf Grund des bereits durch den ersten Akt der „Sendung" für die Sendegesellschaft entstehenden Urheberrechts. Denn dadurch, daß die sendende Stelle den funkmäßig zu übertragenden Gegenstand bzw. Vorgang (einerlei, ob dieser den Schutz des Urheberrechts genießt oder nicht) zunächst auf photographischem Wege festhält — das heißt unter Aufwendung von Kunst und Geist phototechnisch nachbildet und gestaltet —, erwirbt sie nach allgemeinen Grundsätzen des Urheberrechts (vgl. § 1 KSchG.) ein Urheberrecht an dieser hergestellten Photographie. Dies Urheberrecht kann keine Veränderung nachträglich dadurch erfahren (und somit für die Sendegesellschaft verlorengehen), daß diese die betreffende Photographie auf funktechnischem Wege weiter verbreitet, denn eine Neugestaltung des zu übertragenden Gegenstandes bzw. Vorganges oder der zunächst hergestellten Photographie findet bei dieser communication au public par la radiodiffusion nicht statt. Das nach abgeschlossener Bildfunksendung beim Empfänger aufgezeichnete Funkbild ist vielmehr weiter nichts als das ursprünglich von der Sendegesellschaft auf photographischem Wege aufgenommene Bild. Man kommt daher im ersten Falle zu dem Ergebnis, daß der Sendegesellschaft ein Urheberrecht am Funkbild zuzuerkennen ist. Dies Funkbild darf mithin auch nicht ohne Genehmigung der Sendegesellschaft „durch Druck oder andere Veröffentlichung weiterverbreitet werden; denn das wäre ein neuer Akt der Vervielfältigung oder Verbreitung, der nicht mehr aus dem Gemeinfreien, sondern schon aus fremder Arbeit schöpfen würde"[278]).

[278]) Elster, Ufita 1929, S. 274.

Auch in dem zweiten Fall — in dem die Sendegesellschaft das funktechnisch übertragene Bild von seinem ursprünglichen Hersteller auf derivativem Wege erworben hat — ist ihr ein Urheberrecht am Funkbilde zuzusprechen, und zwar aus folgenden Gründen: Wie bereits in anderem Zusammenhange gesagt war (vgl. oben S. 61), entsteht ein Urheberrecht grundsätzlich für denjenigen, dessen geistig schaffender Tätigkeit das Werk sein Dasein und seine Schutzberechtigung verdankt, das heißt für den Urheber. Demgemäß ist das Urheberrecht an dem hier in Frage stehenden Gegenstand der Bildfunksendung in der Person des Urhebers des betreffenden Bildes entstanden. Veräußert nun der Hersteller dieses Bildes sein Werk an die Sendegesellschaft, so braucht dies gemäß § 10 Abs. 4 KSchG. nicht unbedingt die Wirkung zu haben, daß mit der Übertragung der dinglichen Rechte an dem Gegenstande (insbesondere der Übertragung des Eigentums) auch die Urheberrechte an dem körperlichen Gegenstande auf den Erwerber mitübergegangen sind. Vielmehr hängt es von den Umständen des einzelnen Falles, insbesondere den von den Parteien getroffenen Vereinbarungen ab, „ob der Erwerber oder Besteller den körperlichen Gegenstand zum Zwecke der Verwertung des Urheberrechts erworben hat oder ob er die Erlaubnis zur Vervielfältigung für persönliche Zwecke erlangt hat oder schließlich, ob er keinerlei Befugnis an dem immateriellen Werk erwirbt“[274]). Im allgemeinen wird man jedoch sagen können — wie sich vor allem aus dem beiderseitig gewollten Zweck des hier in Frage stehenden Vertrages ergeben dürfte —, daß die Sendegesellschaft mit dem Eigentum an der Photographie auch die gesamten urheberrechtlichen Befugnisse an dieser erwerben soll. Erkennt man dies aber als richtig an, dann muß die Entscheidung hier die gleiche sein wie im ersten Fall: das (auf derivativem Wege erworbene) Urheberrecht der Sendegesellschaft erfährt keine Änderung durch die funkmäßige Wiedergabe der Photographie; das Urheberrecht am Funkbild steht allein der Sendegesellschaft zu.

Erwähnt sei an dieser Stelle noch ergänzend, daß theoretisch noch ein dritter Fall denkbar ist, und zwar folgender: die Sendegesellschaft hat das funktechnisch zu übertragende Bild weder

---

[274]) Osterrieth-Marwitz, zu § 10 KSchG., Anm. D. III.

selbst aufgenommen noch auf derivativem Wege das Urheberrecht an der Photographie erworben, obwohl sie vielleicht sogar den Besitz oder das Eigentum an der Photographie erlangt hat. In diesem Falle erwirbt die Sendegesellschaft an dem Funkbild kein Urheberrecht. Denn die rein technische Seite der Bildfunksendung vermag, da irgendein Aufwand an individuell schöpferischer Geistestätigkeit nicht erforderlich ist, ein Urheberrecht am Funkbilde nicht zu begründen.

3. Begrenzung des Rechts durch Benutzung des Funkbildes seitens des Rundfunkteilnehmers

Es ist im Vorstehenden dargelegt worden, daß — wenn auch mit gewissen Einschränkungen[275]) — der Sendegesellschaft das Urheberrecht am Funkbilde zuzusprechen ist. Da es zum anderen nicht bestritten werden kann[276]), daß das Eigentum an dem geschaffenen Funkbilde dem Empfänger der Bildfunksendung zusteht, so erhebt sich zunächst die Frage, „was der Empfänger am Radioapparat mit dem fixierten Bild machen darf"[277]). Kann er mit seinem Eigentum im Sinne des § 903 BGB. nach freiem Belieben verfahren, oder stehen dieser unbeschränkten Ausübung des Eigentums irgendwelche anderweit bestehenden Rechte entgegen?

Da die Sendegesellschaft Träger des Urheberrechts am Funkbilde ist, hat sie gemäß § 15 Abs. 1 KSchG. die ausschließliche Befugnis, das Funkbild zu vervielfältigen, gewerbsmäßig zu verbreiten und gewerbsmäßig mittels mechanischer oder optischer Einrichtungen vorzuführen; sie kann also grundsätzlich dem

---

[275]) Es darf nämlich nicht übersehen werden, daß die Sendegesellschaft — worauf Hoffmann (JW. 1929, S. 1180) mit Recht hinweist — in der Ausübung ihres Urheberrechts am Funkbilde je nach der Art des funkmäßig übertragenen Bildes beschränkt ist. Denn handelt es sich um ein Bild, an dessen „verfunktem Original" ein Urheberrecht besteht, so bedarf die Sendegesellschaft auch zur Ausübung des Urheberrechts am Funkbilde der Einwilligung des Urhebers des verfunkten Werkes. Ist Gegenstand der Bildfunksendung dagegen ein Bild, dessen Wiedergabe jedermann frei gestattet ist, dann kann auch die Sendegesellschaft ihr Urheberrecht am Funkbilde frei ausüben.

[276]) Beistimmend Hoffmann, ArchFunk. 1929, S. 178.

[277]) Elster, ArchFunk. 1929, S. 511.

Rundfunkteilnehmer und auch jedem anderen die Vervielfältigung, Verbreitung und Zurschaustellung des Funkbildes untersagen[278]).

Dieser Grundsatz des § 15 Abs. 1 KSchG. erleidet jedoch Ausnahmen, und zwar durch § 15 Abs. 1 Satz 1 zweiter Halbsatz hinsichtlich des Verleihens und durch § 18 Abs. 1, nach dem eine unentgeltlich bewirkte Vervielfältigung zum eigenen Gebrauch gestattet ist. Es steht demgemäß dem Rundfunkteilnehmer die Möglichkeit offen, das in seinem Emsfangsgerät aufgezeichnete Funkbild an andere zu verleihen und zum eigenen Gebrauch, das heißt zu Studienzwecken und zum persönlichen oder Hausgebrauch, zu vervielfältigen; diese Vervielfältigung darf jedoch nur in der Art erfolgen, daß derjenige, der die Vervielfältigung herstellt, eine geldwerte Entschädigung für seine Tätigkeit nicht erhält.

Man gelangt somit zu dem Ergebnis, daß der Rundfunkteilnehmer mit dem in seinem Eigentum stehenden Funkbilde nicht nach freiem Belieben im Sinne des § 903 BGB. verfahren darf. Vielmehr erschöpfen sich seine diesbezüglichen Rechte in der Benutzung des Funkbildes zum eigenen Bedarf und im Verleihen; „etwas anderes würde sowohl gegen das UR. des Originalurhebers des Bildes wie gegen das UR. des Sendenden verstoßen, und der Rundfunk kann unmöglich dazu da sein, URe zu verschlechtern, wie dies ja auch aus den grundlegenden Funkurheberrechtsentscheidungen des Reichsgerichts hervorgeht"[279]).

Es bleibt abschließend noch die Frage zu untersuchen, ob der Rundfunkteilnehmer — wenn er auch (wegen anderweit bestehender Urheberrechte) gewerblich nicht nach freiem Belieben mit dem Funkbild verfahren darf — dies Funkbild wenigstens im Rahmen derjenigen gesetzlichen Vorschriften unseres geltenden Urheberrechts verwenden darf, die ihm das Recht des Zitats zusprechen.

Gemäß § 19 LitUG. und § 19 Abs. 1 KSchG. ist die Vervielfältigung und Verbreitung fremder Werke gestattet, wenn es sich darum handelt, daß einzelne Werke des Urhebers in eine selbständige wissenschaftliche Arbeit oder in ein für den Kirchen-, Schul- oder Unterrichtsgebrauch bestimmtes Schriftwerk oder ein zu einem eigentümlichen literarischen Zweck bestimmtes Werk

[278]) Gleicher Ansicht: Elster, ArchFunk. 1929, S. 511, und Hoffmann, ArchFunk. 1929, S. 179.

[279]) Elster, ArchFunk. 1929, S. 511.

ausschließlich zur Erläuterung des Inhalts aufgenommen werden. Es sind dies „Ausnahmen von dem Nachdrucksverbote, welche im Interesse der freien wissenschaftlichen Forschung, der Fortentwicklung der Literatur, der Erziehung und Bildung des Volkes für notwendig erachtet wurden“[280]).

Die Prüfung, ob der Empfänger der Bildfunksendung das in seinem Empfangsgerät aufgezeichnete Funkbild im Sinne des Zitats verwerten kann, führt zu einem verneinenden Ergebnis. Denn § 19 Abs. 1 Satz 2 KSchG. bestimmt (ebenso wie § 19 Ziffer 2 bis 4 LitUG.), daß die zu zitierenden Werke „erschienen oder bleibend öffentlich ausgestellt“ sind. Beides ist jedoch bei dem Funkbilde nicht gegeben.

„Erschienen“ ist ein Werk — bei Berücksichtigung der neueren Rechtsprechung des Reichsgerichts über den Begriff des Erscheinens (vgl. oben Anm. 66) —, wenn es von einem geschäftlichen Mittelpunkt der Verbreitung aus in einer Vielzahl von Vervielfältigungsexemplaren in der Öffentlichkeit tatsächlich angeboten und zum Verkauf an das Publikum bereitgestellt ist. In diesem Sinne „erschienen“ ist das Funkbild nicht.

Aber auch „bleibend öffentlich ausgestellt“ ist das Funkbild nicht. Denn „ein Werk ist bleibend öffentlich ausgestellt, wenn es sich bleibend an öffentlichen Wegen, Straßen und Plätzen oder in geschlossenen Räumen befindet, die dem Zutritt des Publikums grundsätzlich offen stehen“[281]). Von einem „bleibend-öffentlich-ausgestellt-Sein“ in diesem Sinne kann bei dem Funkbilde keine Rede sein.

Man könnte fragen, ob es zweckmäßig und erforderlich ist, „angesichts der großen Ausbreitung des Rundfunks den Funknachrichten oder Funkbildern die Eigenschaft e r s c h i e n e n e r Werke beizulegen, damit sie zitatweise benutzt werden können“[282]). Diese Frage ist nicht ohne weiteres zu bejahen oder zu verneinen; rechtspolitische Erwägungen sprechen dafür und dagegen. Immerhin erscheint es nach dem gegenwärtigen Stand unseres Urheberrechts unbedenklich, eine solche Regelung im Gesetz zu befürworten.

---

[280]) Allfeld, zu § 19 LitUG., Anm. 1.

[281]) Osterrieth-Marwitz, zu § 19 KSchG., Anm. III. 2. b.

[282]) So Elster, ArchFunk. 1929, S. 511, der diese Frage im übrigen jedoch unbeantwortet läßt.

Das Bedenken Elsters, „es könnte ja jemand die im Bildfunk gezeigten Bilder kinematographisch aufnehmen und so die aktuelle ‚Filmwoche' aus der Wiedergabe von Rundfunkbildern bestreiten (Sportereignisse usw.) oder sie auch nur in Zeitungen wiedergeben"[283]), vermag nicht geteilt zu werden. Denn einerseits erlaubt das Gesetz stets nur die Vervielfältigung und Verbreitung „einzelner" Werke, also einer zahlenmäßig geringen Anzahl von Werken, so daß der Hauptwert des neu geschaffenen Werkes nicht in den entlehnten und zitierten Werken liegt, sondern in der Neuschöpfung selbst. Zum anderen verlangt das Gesetz im § 19 KSchG., daß das zitatweise wiedergegebene Bild lediglich „zur Erläuterung des Inhalts" übernommen wird. Das Bild soll also nur zum besseren Verständnis des sprachlichen Ausdrucks in das neue Werk eingefügt werden, bloß den Zweck erfüllen, „den im Worttext der Arbeit offenbarten Gedankeninhalt aufzuhellen, zu veranschaulichen, dem Verständnis zu erschließen"[284]). Es darf nicht etwa das umgekehrte Verhältnis bestehen, daß die zitatweise wiedergegebenen Bilder einfach durch verbindende und beschreibende Ausführungen umrahmt werden. Vielmehr muß das Schriftwerk zu dem beigefügten Bild im Verhältnis von Haupt- und Nebensache stehen, die Bilder dürfen nur den Zweck erfüllen, den textlichen Inhalt der geschaffenen Zeitung zu erläutern[285]).

Faßt man die in diesem Abschnitt gewonnenen Ergebnisse noch einmal kurz zusammen, so gelangt man zu folgender Feststellung: Das der Sendegesellschaft zustehende Urheberrecht am Funkbild wird durch das Eigentum des Rundfunkteilnehmers am Funkbild nur unwesentlich beschränkt; seine Rechte beschränken sich auf das Verleihen und die Benutzung zum eigenen Bedarf. Der Gebrauch des Funkbildes im Sinne des Zitats steht dem Eigentümer des Funkbildes nach geltendem Urheberrecht nicht zu.

---

[283]) ArchFunk. 1929, S. 511 f.

[284]) RGZ. Bd. 130 Nr. 43 S. 200.

[285]) Ebenso: Osterrieth-Marwitz, zu § 19 KSchG., Anm. V. 1; Riezler, a. a. O. S. 438; RGZ. Bd. 18 Nr. 30 S. 153; RGZ. Bd. 130 Nr. 43 S. 200.

FSC
www.fsc.org
MIX
Papier | Fördert gute Waldnutzung
FSC® C083411

Kolibri 360 GmbH
Ferdinand-Jühlke-Straße 7
99095 Erfurt, Deutschland
produktsicherheit@kolibri360.de